CALOMNIES

DE

LA PRESSE RÉACTIONNAIRE

SUR

l'Insurrection de Juin.

Relevé exact des mensonges, dénonciations, ou insinuations des journaux, avec le démenti authentique ou officiel au-dessous de chaque fait.

PAR

J. PH. BERJEAU ET Vor BORIE.

« Calomniez, calomniez, il en restera
« toujours quelque chose. »

PARIS,
GUSTAVE SANDRÉ,
Éditeur des Œuvres de PIERRE LEROUX,
RUE PERCÉE-SAINT-ANDRÉ-DES-ARTS, 11,
Et à la Propagande démocratique et sociale,
RUE DES BONS-ENFANTS, 1.
1849

TABLE DES MATIÈRES.

AVANT-PROPOS.

Quel est le but de ce livre?

Le voici :

Un journal que tous les hommes honnêtes ont désavoué, disait le lendemain de la bataille de juin, au milieu du deuil universel : « Maintenant que la société victorieuse commence à respirer, il importe d'apprécier le véritable caractère de l'effroyable insurrection qui vient d'ensanglanter la capitale. Il ne s'agissait pas de telle ou telle forme de gouvernement, de telle ou telle opinion politique, de tel ou tel prétendant, c'était à l'*ordre social tout entier, à la propriété, à la famille* que les insurgés avaient déclaré la guerre (1) . . . . . Le gros de l'armée se composait de ceux qui *voulaient scientifiquement le pillage de la société* par voie d'impôt ou de décret de confiscation, et, il faut bien le dire, de ceux qui *ont l'habitude de le pratiquer, non à coups de lois, mais à coups de main*. . . . Prendre le bien d'autrui, c'était, selon leurs maximes, reprendre le sien, et *les doctrinaires de la dévastation* avaient ôté d'avance à leurs adeptes jusqu'*au trouble de la conscience* (2).

Le même journal accompagnait ces réflexions des récits les plus effroyables, des statistiques les plus étranges.

Alors nous nous sommes demandé :

Est-il vrai que cette insurrection qui enveloppait la

(1) *Constitutionnel* du 30 juin 1848.

(2) *Ibidem*, 1er juillet.

moitié de Paris ait eu pour but de détruire la *société*, la *propriété*, la *famille*, la *civilisation*

Est-il vrai qu'il se soit trouvé dans Paris *cent cinquante mille sauvages*, se faisant héroïquement tuer sur les barricades pour organiser le *pillage*, *l'assassinat*, le *viol*, *l'incendie ?*

Est-il vrai qu'à ces *doctrinaires du vol*, qui se sont fait appeler *socialistes*, se soient jointes des légions nombreuses de *filous*, *d'escrocs*, de *forçats libérés*, de *scélérats de toute sorte ?*

Est-il vrai que cette armée, sans pareille dans l'histoire, ait combattu pendant quatre jours sous cette terrible devise : « *Vainqueurs le pillage, vaincus l'incendie ?* »

Est-il vrai que cette *horde de cannibales* se soit livrée aux exécutions les plus atroces, ait employé pour combattre les moyens les plus odieux ?

Est-il vrai qu'ils aient glissé un poison subtil dans leurs fusils, qu'ils aient inventé des projectiles dont la moindre atteinte devait être mortelle, qu'ils aient empoisonné le vin, l'eau-de-vie, jusqu'à des cigares ?

Pour l'honneur de notre patrie, pour l'honneur de notre siècle, pour l'honneur de l'humanité, cet horrible tableau, que nous reproduisons *textuellement*, est-il l'expression de la vérité ?

La main sur la conscience, nous aurions pu, sans craindre de nous tromper, répondre hardiment à ces accusateurs dont le patriotisme et la sincérité nous sont connus : « Éternels ennemis du peuple, vous le calomniez une fois de plus. »

Nous avons mieux aimé démontrer la calomnie par des preuves irrécusables ; c'est pourquoi nous avons fait ce petit livre.

Notre travail n'est point une œuvre de récrimination irritante et stérile, ce n'est point le fruit de la passion ni de la colère. Nous laissons à l'opinion, à l'histoire le soin de flétrir, comme elle le mérite, la conduite de ces fanatiques de l'ordre, s'acharnant sur des cadavres. Si nous exerçons contre eux la plus sanglante, la plus légitime de toutes les représailles, en reproduisant les dénonciations, les provocations, les mensonges, les calomnies qui ont souillé la presse réactionnaire pendant l'insurrection de juin, c'est uniquement parce que cet acte de justice est indispensable pour dissiper les erreurs inconcevables que ces feuilles ont propagées.

Ce livre n'est qu'une simple reproduction d'un bout à l'autre. A côté de chaque erreur, de chaque mensonge, nous avons mis la vérité. Nous n'avons rien développé, rien apprécié, rien jugé, nous apportons le fait dans toute sa nudité significative, laissant à nos lecteurs le soin de conclure.

Nous sommes convaincus que les hommes honnêtes de tous les partis accueilleront avec intérêt cette réhabilitation de la vérité. Des hommes entraînés par des aspirations anticipées ont pu suivre les voies néfastes de la force, quand ils ne devaient avoir recours qu'à la persuasion ; la misère, la faim, quelques instigations hypocrites et infâmes ont pu donner le vertige à des hommes que la faim, la misère, une récente victoire livraient à tous les entraînements. Au point de vue du gouvernement ces motifs ne légitiment pas l'insurrection, mais au point de vue de l'humanité, il y a un abîme entre l'erreur, le désespoir de ces malheureux, et les pensées criminelles, les projets horribles qu'on aurait voulu leur prêter.

Les tristes jours de la lutte sont déjà loin, et nous laissent toute la liberté d'esprit, tout le calme nécessaire pour chercher et reconnaître la vérité. En la faisant apparaître aux yeux de tous, nous croyons avoir fait acte d'honnête homme et de bon citoyen.

Si vous entendiez calomnier un homme et que la vérité vous fût connue, ne vous empresseriez-vous pas d'élever la voix au-dessus des calomniateurs et de dire à tous : « On vous trompe, cet homme est innocent. »

Si vous entendiez dire que la France a perdu sa tradition d'honneur et de loyauté ; qu'une immense fraction du peuple de Paris, par exemple, professe des doctrines que l'on ne retrouve à aucune époque de l'histoire, où l'*assassinat*, le *pillage*, le *viol*, l'*incendie* sont érigés en dogme, en articles de foi ; que ces assassins, ces pillards, ces mendiants ont des femmes, des enfants qu'ils élèvent dans ces horribles sentiments ; qu'en province, des villes entières se rallient à ces effroyables doctrines croyant y trouver, à la suite des plus illustres écrivains, la réalisation de la justice éternelle promise par le Christ, hésiteriez-vous à répondre, plein de confiance dans l'honneur de votre pays : « Non, la France n'est pas une nation d'assassins, de pillards, d'incendiaires ? »

Et si vous aviez dans les mains les preuves évidentes de la calomnie, les garderiez-vous pour vous seul ?

Non, certes. Vous vous hâteriez au contraire de proclamer la vérité, et de confondre les calomniateurs. Eh bien, c'est ce que nous avons voulu faire en publiant ce petit livre. Notre conscience nous dit que nous faisons une bonne action.

Victor Borie.

Décembre 1848.

CALOMNIES

DE LA PRESSE RÉACTIONNAIRE.

« Des journaux d'un républicanisme plus que douteux « ont trouvé un moyen détourné pour dresser des listes « de suspects. Ils annoncent que le citoyen *tel* ou *tel* a « été arrêté, ou qu'il est sur le point de l'être. Le len- « demain, le fait est démenti, et eux-mêmes sont forcés « de se rétracter. Mais qu'importe? le coup est porté, « l'attention est éveillée. C'est tout ce qu'ils demandent.»

(*Représentant du peuple* du 2 juillet 1848.)

« Ces honteuses saturnales qui se déroulent à nos « yeux; ces criées publiques de noms suspects, ces dénon- « ciations infâmes; ces calomnies atroces qui sifflent « de toutes parts; toutes ces débauches des partis qui se « font pourvoyeurs de geôles; tout cela est triste et mé- « rite châtiment, car cela déshonore, cela dégrade un « pays: c'est la bassesse et la violence accouplées! »

(*Réforme* du 2 juillet 1848.)

I.

DÉNONCIATIONS.

Au nombre des individus arrêtés lundi se trouvent MM. Napoléon Lebon et Kersausie.

(*Gazette des Tribunaux* et *Constitutionnel*, 29 juin 1848.)

On assure que le plan stratégique de l'insurrection est dû tout entier à Kersausie, le candidat au grade de colonel de la 12e légion.

(*La Liberté* d'Arras, 29 juin.)

— C'est par erreur qu'on a annoncé l'arrestation M. Kersausie. La *Gazette des Tribunaux*, qui avait publié le bruit, le dément aujourd'hui. M. Kersausie n'a pas quitté sa maison, et ses voisins l'attesteraient au besoin. (*Réforme*, 30 juin 1848.)

— Il paraît que c'est à tort qu'on avait annoncé l'arrestation de M. Napoléon Lebon. (*Débats*, 2 juillet.)

On annonce l'arrestation de M. Alphonse Esquiros, l'un des anciens rédacteurs de *la Commune de Paris*.
(*Constitutionnel*, *Patrie*, *Drapeau national*, 30 juin 1848.)

« Monsieur le rédacteur,

« *Vous avez annoncé hier par erreur mon arrestation*. Je n'ai pris aucune part aux événements qui viennent de terrifier Paris. Président d'un club, rédacteur d'un journal démocratique, j'ai usé de ma liberté d'écrire, de la liberté de parler en public, que je croyais une double conquête de la révolution de 1848. Ce n'est pas là conspirer. « Alphonse Esquiros. »

Un individu a été, dit-on, arrêté dans un cabriolet qui contenait plusieurs milliers de cartouches. Cet individu portait les insignes de représentant du peuple et se disait chargé d'une mission pour l'état-major. On prétend avoir reconnu le citoyen Deflotte.
(*Estafette*, 27 juin.)

— D'après le *Constitutionnel*, M. Deflotte, lieutenant de vaisseau, aurait, la veille du 22 juin, dans la séance du club du Peuple, annoncé la bataille du lendemain 23. Ce fait est de toute fausseté.
(*Peuple constituant*, 29 juin.)

Nous avons annoncé hier l'arrestation du sieur Deflotte. Une perquisition a été faite à son domicile. Au nombre des pièces saisies, se trouvent plusieurs lettres de M. de Lamartine, un laissez-passer signé de M. de Lamartine, et un autre signé par M. Louis Blanc.
(*Constitutionnel*, 2 juillet.)

— Le *Constitutionnel* publiait avant-hier des détails très-circonstanciés sur l'arrestation du lieutenant de vaisseau Deflotte. On avait trouvé, disait-il, au domicile de ce dernier plusieurs lettres, un laissez-passer de Lamartine et un autre de Louis Blanc.

Le Siècle d'hier a démenti ces détails. Est-il bien convenable, quand des hommes sont tombés du pouvoir, de venir, à l'aide de fictions et de rapprochements, appeler sur ces hommes de vagues et faux soupçons? Nous posons cette question à la conscience de notre confrère. (*Bien public*, 4 juillet.)

Nous avons dit hier qu'un rédacteur du *Père Duchêne*, M. Laroque, avait été tué à la barrière Rochechouart.

Un autre rédacteur de cette feuille, M. Merle, fait prisonnier sur le même point, a succombé hier à midi à ses blessures, dans l'ambulance établie rue des Martyrs, 25, où il avait été transporté en même temps que trois gardes nationaux blessés sur le même point. Nulle différence n'a été faite dans les soins qui leur ont été prodigués.

On assure aussi que M. Thuillier, autre rédacteur du même journal, a été tué. (*Constitutionnel*, 29 juin.)

— Nous avions annoncé hier, d'après d'autres journaux, la mort de M. Thuillier, rédacteur du *Père Duchêne*. M. Thuillier nous écrit pour démentir cette nouvelle, et nous prie de faire connaître que MM. Laroque et Merle, dont la mort a été également annoncée, sont étrangers à la rédaction de ce journal.

(*Constitutionnel*, 30 juin.)

M. Thuillier, rédacteur-gérant du journal *le Père Duchêne*, dont la publication a été suspendue depuis l'insurrection de juin, a été arrêté ce matin à son domicile, en exécution d'un mandat décerné par M. le préfet de police. (*Gazette des Tribunaux*, 7 juillet.)

— M. Thuillier n'a été arrêté que plusieurs jours après cette dénonciation qui était plus que suffisante alors pour le faire incarcérer. Il a été déporté sans jugement.

Le lieutenant-colonel de la 5e légion a été arrêté par ordre du général Lamoricière. (*Messager*, 29 juin.)

— La lettre suivante a été adressée au *Messager* :

« Citoyen rédacteur,

« C'est avec le plus grand étonnement que je lis, dans votre numéro de ce soir, l'arrestation de mon lieutenant-colonel, le citoyen Duthy, que je quitte à l'instant, et qui, depuis le 22, n'a cessé d'être sous les armes. . . . .

« Veuillez donc, citoyen rédacteur, rectifier cette erreur dans votre prochain numéro.

« Salut et fraternité.

« Aug. Favrel,
« *Colonel de la 5e légion.* »

Les arrestations et les désarmements continuent activement sur tous les points de Paris, mais plus particulièrement au quartier Saint-Jacques et au faubourg Saint-Antoine.

L'enquête à laquelle on procède a eu pour résultat de nombreuses arrestations, parmi lesquelles on signale celle de M. Grandménil, rédacteur et gérant de *la Réforme*. (*Constitutionnel*, 1er juillet.)

— Au milieu des calomnies-guet-apens que les feuilles de la réaction inventent chaque jour, *la Réforme* devait avoir son dividende : c'est ainsi que *le Droit* et *le Constitutionnel*, annonçant aujourd'hui l'arrestation de M. Grandménil, le présentent, l'un comme rédacteur en chef, l'autre comme rédacteur-gérant de notre journal. Tout le monde comprendra l'intention et le but de cette petite perfidie. Fort heureusement, la réaction est ici prise en flagrant délit de mensonge odieux. Les noms du rédacteur en chef et du rédacteur-gérant de notre feuille sont inscrits tous les jours en tête de *la Réforme*, et la plus insigne mauvaise foi pouvait seule s'y tromper. (*Réforme.*)

Le docteur Bourgeoise, qui, malgré son âge, a parcouru toutes les barricades pour porter des soins aux blessés, a reçu les derniers soupirs du citoyen Benjamin Laroche, le traducteur des œuvres de Walter Scott, tué à la barricade Rochechouart.

(*Bien public*, 27 juin.)

— M. Benjamin Laroche écrit pour démentir les journaux qui ont annoncé sa mort, et l'ont désigné comme l'un des chefs des insurgés tués à la barricade Rochechouart.

(*Peuple constituant*, 29 juin.)

On nous assure que le sieur Dupont, chef du 2e bataillon de la 1re légion, qui a si extraordinairement disparu lors du guet-apens de la barrière Fontainebleau, a été arrêté, et que cette arrestation remonterait à la date de dimanche ou de lundi.

(*Providence*, 1er juillet.)

— **Monsieur le rédacteur,**

Le récit que vous faites de ce qui s'est passé à la barrière Fontai

nebleau renferme quelques inexactitudes qu'il importe de rectifier. Ce n'est pas le commandant Dupont qui accompagnait le général de Bréa, mais bien le commandant Gobert....

NAPOLÉON THEIL,
Commandant du 2e de la 11e.

(*Bien public*, 1er juillet.)

La salle des décors du Conservatoire est divisée en deux parties, l'une contient les blessés de la garde nationale, l'autre les insurgés ramassés dans les barricades ; parmi ces derniers un individu était inscrit sous le nom de Cabanon, ouvrier, dont il avait le livret ; des agents de police l'ayant reconnu pour être le citoyen Huber, ancien détenu politique, il a été immédiatement transporté dans une litière et sous bonne escorte à la préfecture de police.

(*Constitutionnel*, 1er juillet.)

— Il est inexact que Huber, l'ex-président du Club révolutionnaire, qui, lors de l'envahissement de la salle des séances de l'Assemblée nationale au 15 mai, avait prononcé la dissolution de l'Assemblée, ait été reconnu par des agents de police, au nombre des blessés de l'hôpital Saint-Antoine et mis en état d'arrestation. Huber, depuis sa mise en liberté par suite d'une erreur commise à la mairie du 4e arrondissement, dans la soirée du 15 mai, a été vainement recherché par la police chargée de l'exécution du mandat dont il était l'objet, et l'on paraîtrait même avoir acquis la certitude qu'il serait passé à l'étranger. (*Gazette des Tribunaux*.)

M. Laugier, l'un des membres du Club des Clubs, a été arrêté à son domicile et conduit à la Conciergerie. (*Patrie*, 30 juin.)

— C'est par erreur qu'on a annoncé l'arrestation de M. Adolphe Laugier. M. Laugier était au nombre des décorés de juillet qui se sont mis à la disposition de l'Assemblée nationale.

(*Bien public*, 2 juillet.)

Les arrestations ont continué hier et aujourd'hui dans Paris. La *Gazette des Tribunaux* cite parmi les personnes arrêtées M. Théophile Thoré, rédacteur en chef de *la Vraie République*, et M. Bennier, peintre, l'un des plus ardents affidés de M. Sobrier.

(*Débats*, 2 juillet.)

Au rédacteur de la *Gazette des Tribunaux*.

Monsieur,

« Vous avez annoncé le premier, et plusieurs journaux répètent après vous, que M. Thoré, rédacteur en chef de *la Vraie République*, a été mis en état d'arrestation. Déjà, après le 15 mai, la presse avait accueilli bien légèrement une note semblable, que j'ai été obligé de démentir. Cette fois encore, je suis absolument étranger aux douloureux événements de juin, et aujourd'hui comme alors, je n'ai à redouter aucune poursuite judiciaire, à moins qu'on ne prétende attaquer dans le journaliste la liberté de la pensée et de la discussion.

« Il est de votre justice, monsieur, d'insérer cette lettre dans votre journal.

« Salut et fraternité, T. Thoré. »

Deux gardiens de Paris, requis par la garde nationale pour surveiller le sieur Lachambeaudie, du club Blanqui, qui demeure rue Lafayette, 21, ont prêté leur assistance à la garde nationale, et le sieur Lachambeaudie a été arrêté et conduit à la préfecture de police.

(*Bien public.*)

— Lachambeaudie, qui doit à l'intervention personnelle de Béranger la fin d'une détention entièrement arbitraire, s'est empressé d'écrire les quatre vers suivants :

A BÉRANGER.

Du génie et du cœur, puissance souveraine !
Poëte, d'un captif quand vous brisez la chaîne,
Innocent, il se lève et sort glorifié;
Coupable, il est purifié.

Pierre Lachambeaudie.

(*Démocratie*, 18 juillet.)

Le fait qui avait été contredit et qui est relatif au vicomte de Narbonne, est parfaitement exact ; il nous a été certifié ce matin par des témoins oculaires. Arrêté avec son valet de chambre derrière une barricade et porteur de 4,000 fr. en or, il a été fusillé sur place, ainsi que son valet de chambre, par l'ordre du commandant Anfrey, gouverneur du château du Luxembourg. Une vingtaine d'insurgés pris les armes à la main et sur les barricades ont été sur l'heure fusillés dans le Luxembourg, les corps de dix d'entre eux étaient encore ce matin exposés dans le jardin. (*Siècle*, 28 juin.)

— *Le Siècle* avait annoncé que M. de Narbonne avait été fusillé au Luxembourg, des représentants attestaient le fait, les détails abondaient sur l'arrestation et l'exécution de ce personnage. A la suite du *Siècle*, tous les journaux avaient répété cette nouvelle, qui était une bonne aubaine pour les badauds et les alarmistes. M. de Narbonne écrit hier à M. de Larochejacquelein que les bruits publiés par *le Siècle* étaient *absurdes*, ce qui prouve que ce monsieur était bien vivant. (*Nouvelles du jour*, 30 juin.)

Dimanche, un jeune homme blessé grièvement dans le faubourg du Temple, fut apporté à l'ambulance du Théâtre-Historique ; il était vêtu d'une blouse ; mais la finesse de sa chemise, la blancheur de ses mains inspiraient quelques doutes ; la blouse semblait là un costume de circonstance. On interrogea à diverses reprises le blessé, qui ne voulut pas répondre.

Quelques instants plus tard, il demanda par signes de l'encre et du papier, et, se soulevant avec effort, il écrivit une lettre qu'il eut à peine le temps d'achever. Au moment de la fermer, ses forces l'abandonnèrent ; c'est alors que sur le papier encore ouvert on a lu le nom de *Polignac*. (*Estafette*, 29 juin.)

Monsieur le rédacteur,

Reproduisant un article de *l'Estafette*, dans votre numéro du 30 juin, vous racontez qu'un jeune homme portant notre nom aurait été tué dans les rangs des insurgés.

Or, chacun des membres de notre famille présent à Paris a combattu avec sa légion pour la cause de l'*Ordre*, de la *République*.

L'article de *l'Estafette* contient donc une calomnie que nous vous prions de réparer par l'insertion de la présente lettre.

Alphonse Polignac, 11e légion, rue Corneille, 1.
Ludovic Polignac, 10e légion, 2e bataillon.

Hier soir, M. Lalanne, ingénieur, directeur des ateliers nationaux, a été arrêté au parc de Monceaux. M. Lalanne avait, dit-on, fait parvenir, au moyen de laissez-passer revêtus de sa signature, de l'argent jusqu'aux ouvriers occupant le faubourg Saint-Antoine. (*Constitutionnel*, 30 juin.)

— Le *Moniteur* d'hier démentait la nouvelle donnée par *le Constitutionnel* de l'arrestation de M. Lalanne, directeur des ateliers nationaux. Il semble que les journalistes devraient au moins lire le *Moniteur ;* il paraît qu'il n'en est rien. *L'Opinion publique* de ce matin annonce de nouveau, à deux reprises différentes, que M. Lalanne a été arrêté pour cause de distribution d'argent aux insurgés, et cette charitable feuille recommande le fait à la commission d'enquête. Nous recommandons particulièrement, à notre tour, à M. A. Nettement plus de réserve lorsqu'il s'agit de l'honneur des citoyens et du repos des familles. (*Nouvelles du jour*, 1er juillet.)

On nous annonce l'arrestation du citoyen Edmond Vidal, auteur de quelques brochures d'économie sociale. (*Messager.*)

— Nous croyons que cette arrestation est le résultat d'une erreur. M. Vidal est un citoyen paisible, tout entier livré à des études pacifiques. (*Peuple constituant.*)

M. Cahaigne, le fondateur de *la Commune de Paris*, a été arrêté. On l'a pris, dit-on, les armes à la main. (*Estafette*, 29 juin.)

— Cahaigne arrrêté à sept heures du matin, dans son lit, le 26 juin, par des gardes nationaux agissant en vertu de leur propre initiative, n'a été remis en liberté que le 20 septembre, aprés avoir subi un emprisonnement de prés de deux mois dans les casemates du fort d'Aubervilliers. Il a été sur le point d'être transporté. L'accusation lui reprochait d'avoir fondé le journal *la Commune de Paris.*

Le bruit s'était répandu dimanche matin, dans le 12e arrondissement, que le maire de cet arrondissement avait été fusillé la veille, à la suite de l'occupation du quartier du Panthéon. Il était vrai qu'une exécution militaire avait eu lieu aprés la prise de la barricade de l'Estrapade, où un bataillon de ligne et la garde nationale ont perdu tant de monde; mais ce n'est pas le maire en exercice du 12e arrondissement qui, pris les armes à la main, avait été passé par les armes : c'est le sieur Gornet, ancien maire, médecin et ami de Barbès, placé sous son influence à la tête de l'administration quelques jours aprés l'avénement du gouvernement provisoire de février dernier. C'est le sieur Gornet qui avait constitué la 12e légion, qui avait présidé à son armement et à ses élections, aidé du sieur Bocquet, détenu à Vincennes depuis le 15 mai. (*Le Droit.*)

— Le citoyen Gornet, ancien maire du 12e arrondissement, nous écrit que l'article que nous avons inséré hier, sur la foi d'un autre journal, est inexact. Il n'a été ni arrêté ni fusillé.

(*National*, 4 juillet.)

— M. Gornet a adressé la lettre suivante au rédacteur de *la Gazette des Tribunaux :*

« Monsieur,

« Dans votre numéro d'hier, vous dites :
« M. Pinel-Grandchamp, qui avait remplacé M. Gornet à la mai-
« rie du 12e arrondissement, à la suite des événements du 15 mai
« et de l'envahissement de l'Assemblée nationale..... »

« Ces faits sont encore inexacts.

« Ma démission motivée, datée du 10 mai, et son acceptation par le maire de Paris, à la date du 12 mai, ont paru dans plusieurs journaux.

« Je suis donc, comme maire et comme individu privé, tout aussi étranger aux événements de mai qu'à ceux de juin, et la seule part que j'aie prise aux uns et aux autres, ç'a été, comme tous les cœurs français, d'en déplorer les fatales conséquences.

« Agréez, etc. J.-J. Gornet. »

(*Débats*, 7 juillet.)

Entre autres arrestations importantes opérées dans le 12e arrondissement, nous signalerons celle du secrétaire de Barbès.

Il a essayé d'abord de faire résistance, mais le nombre et la force de nos braves gardes mobiles l'ont obligé à revenir à de meilleurs sentiments. Cette prise et la saisie faite dans son domicile éclaireront bien certainement la justice, et dévoileront probablement les coïncidences de l'attentat du 15 mai et les tristes événements que nous venons de voir. (*Providence*, 30 juin.)

— On veut parler, dans cette note, de l'arrestation de Geoffroy, faite sur la simple allégation d'un agent de police. Geoffroy a été acquitté par le conseil de guerre.

M. Guy d'Amour, dentiste, vient d'être arrêté dans son domicile, par les soins de M. Bertoglio, commissaire de police du Palais-National. (*Providence*, 4 juillet.)

— A M. le rédaecteur en chef du *Messager*.

« Monsieur,

« Tous les journaux, ou à peu près, ayant annoncé mon arrestation, je viens vous prier de prêter le concours de votre publicité aux faits suivants :

« Le 2 juin dernier, des tentatives d'embauchage furent faites auprès d'un sergent-major du 14e de ligne. On lui offrit, comme récompense honnête, le grade de chef de bataillon s'il consentait à prendre part à l'insurrection.

« Quelques points de ressemblance physique ont pu faire croire que j'étais l'auteur de la proposition ; mais, confronté avec ledit sergent-major, il a déclaré ne pas me reconnaître en indiquant les points de dissemblance.

« J'ai rendu un compte exact de ma conduite depuis le mois d'avril ; les résultats de l'enquête ont prouvé que j'avais dit vrai, et j'étais libre au moment où les journaux imprimaient que je venais d'être arrêté.

« Recevez, je vous prie, monsieur le rédacteur, mes très-humbles salutations.

« 7 juillet. « Guy d'Amour,

« Dentiste, 112, rue de Richelieu. »

Hier soir, à sept heures et demie, trois voyageurs mystérieux, au nombre desquels était un jeune homme portant un examen de sortie de l'Ecole polytechnique, sont arrivés par le chemin de fer de Paris.

Ils se sont rendus immédiatement à la poste aux chevaux, et ont donné 150 fr. pour faire le premier relais, annonçant qu'ils se dirigeaient vers Caen.

M. Dussard, prévenu, par une dépêche, de l'arrivée de ces personnages, a envoyé aussitôt le commissaire central à leur poursuite ; mais déjà ils étaient bien loin, et l'on doute qu'il puisse les atteindre.

Un train spécial a été immédiatement dirigé sur le Havre, avec un ordre d'expédier à l'instant un bateau à vapeur vers Caen, afin d'attendre l'arrivée de ces trois voyageurs, et pour que l'on s'empare de leurs personnes.

Ces mystérieux personnages étaient le sujet des suppositions les plus diverses. Quelques personnes prétendaient que l'un d'eux n'était autre que le prince de Joinville. (*Journal de Rouen*, 26 juin.)

— Les trois voyageurs mystérieux qui avaient traversé Rouen dans la nuit du 27 juin, et qu'on avait pris pour des conspirateurs de haute lignée, ont été reconnus pour des personnages tout à fait inoffensifs. (*Drapeau national*, 30 juin.)

— Mademoiselle Emilie de Fouchicourt écrit au journal *le Droit*, qui avait annoncé le premier l'arrestation de son père et de son frère, pour déclarer que cette arrestation est le résultat d'une erreur, et que MM. de Fouchicourt n'ont point fait cause commune avec les insurgés. (*Démocratie pacifique*, 6 juillet.)

— M. Chilmann, chef du bureau des élections à la mairie de Paris, est la même personne que le citoyen Chilmann, vice-président du club de la Révolution, et l'un des signataires de cette fameuse lettre, adressée il y a quelques jours à Barbès, à la fin de laquelle se trouvaient ces mots significatifs : « A bientôt, frère, nous t'attendons ! » (*Providence*, 5 juillet.)

Le faubourg Saint-Antoine et la place de la Bastille appartiennent aux ouvriers ; leurs chefs sont avec eux ; tous les ordres partent de là ; — le mot d'ordre et de ralliement est celui-ci : *Mourir en combattant ou vivre en travaillant*. — Les noms des chefs sont ceux-ci : *Huber*, *Cabet*, *Louis Lebon*, etc.

(*Assemblée nationale*, 25 juin.)

— Au rédacteur en chef du *Représentant du Peuple*.

Paris, le 26 juin.

Citoyen rédacteur,

Un journal (*l'Assemblée nationale*) affirme que j'étais au milieu des insurgés du faubourg Saint-Antoine. Le fait est complétement erroné.

Je suis entièrement étranger à tous ces déplorables événements. J'écris même au président de l'Assemblée nationale pour réclamer contre une autre erreur, contenue dans sa proclamation du 24 à la garde nationale.

Au nom de la justice, je vous prie d'insérer cette petite lettre dans votre journal.

Salut et fraternité. CABET.

M. Pornin, ex-commandant en chef des montagnards et ex-président de la commission des gardiens de Paris, nous écrit pour protester qu'il n'a rien de commun avec l'individu en casquette rouge et à jambe de bois qui a figuré sur la barricade de la porte Saint-Denis. Les explications données sur ce fait prouvent surabondamment qu'il ne s'agissait point de M. Pornin. Nous nous empressons donc de faire droit à sa réclamation.

(*Constitutionnel*, 30 juin.)

Les propriétaires du magasin des Deux-Pierrots ont fait rectifier le fait les concernant inséré dans un journal. Pour échapper aux injonctions des insurgés, qui voulaient les forcer à défendre les barricades, ils ont abandonné leur maison. Il n'est pas exact que les insurgés aient tué et pendu un tambour de la ligne au balcon d'une fenêtre. (*Réforme*, 30 juin.)

M. Barrère, chirurgien aide-major de la 6e légion, nous écrit de la Conciergerie où il est détenu, pour protester contre un fait publié par *la Patrie*, qui l'avait reproduit d'après un autre journal. M. Barrère affirme qu'il n'a jamais vu les barricades du faubourg du Temple, et qu'il n'a pas parlementé avec le général Lamoricière, qu'il n'a jamais vu. (*Patrie.*)

Paris, le 29 juin 1848.

Citoyen rédacteur,

On lit dans votre journal du 27 courant :

« Dans la rue du Cadran, un coup de feu ayant été tiré d'une mai-
« son garnie, sur un garde national, des perquisitions ont été faites
« dans tous les hôtels, et un grand nombre de personnes suspectes
« ont été arrêtées. »

Plusieurs habitants de la rue du Cadran m'ont prié de vous demander la rectification de ces faits qui sont erronés.

Le 26 courant, accompagné de deux compagnies de ligne (21e et 23e), et de deux compagnies de gardes nationaux, je fus chargé de visiter et de désarmer quelques maisons garnies de la rue du Cadran.

Pendant que j'opérais les perquisitions ordonnées, un coup de feu fut tiré !

Le tumulte apaisé, je pus découvrir ce qui en avait été l'occasion. Un garde national ayant cru voir sur le toit d'une maison voisine, un homme qui le menaçait, déchargea sur lui un de ses pistolets.

Je fis expulser du carré formé par les troupes, ce garde national qui n'appartenait à aucune des deux compagnies placées sous mes ordres.

Les perquisitions continuèrent sans donner lieu à une seule arrestation.

Recevez, citoyen rédacteur, l'assurance de mes sentiments fraternels.

L. Robillard, *capitaine*, 3e *légion*, 1er *bataillon*, 8e *compagnie*, 9 *rue de Cléry*.

MM. Pierre Leroux, Lagrange et Proudhon doivent, dit-on, suivre l'escadre qui doit emporter aux colonies les six mille insurgés pris les armes à la main. Toutefois, les deux premiers ne donneraient leur démission de représentant qu'après s'être assurés que le pouvoir leur laisserait mettre en pratique, sur ces six mille individus, les théories socialistes qu'ils ont émises jusqu'à ce jour dans les clubs et dans diverses publications. (*Bien public*, 1er juillet.)

Il existe dans Paris une fabrique de nouvelles calomnieuses, qui se charge d'alimenter les journaux de canards politiques, parlementaires et autres. Ordinairement ces nouvelles ne sont que bêtes, ce qui ne nuit pas à leur débit, au contraire. En voici une qui est à la fois très-bête et très-méchante. Nous la trouvons dans un journal du soir. Elle sera demain sans faute dans les journaux de la famille du *Constitutionnel* et de la *Voix de la Vérité*.

Nous ne ferons pas à nos lecteurs l'injure de la démentir. Nous la livrons telle que nous la lisons dans le journal la *Séance*.

« On donnait comme positive aujourd'hui à la chambre une nou-
« velle qui ne laisse point que d'être assez étrange. — MM. Pierre
« Leroux et Lagrange auraient résolu, dit-on, de donner leur démis-
« sion de représentants pour suivre au delà des mers les cinq ou six
« mille insurgés pris les armes à la main qui vont être déportés.

« M. Proudhon aurait eu, ajoute-t-on, la même pensée; mais il y
« aurait renoncé en apprenant que le pouvoir exécutif se réservait
« de fixer le lieu et les conditions de la déportation. — On ne saurait
« nier d'ailleurs que la résolution de MM. Pierre Leroux et Lagrange
« ne soit très-généreuse. »

La *Séance* est rédigée par MM. Louis Lurine et Lireux, anciens rédacteurs de *l'Epoque*. (*Représentant du Peuple*, 1er juillet.)

M. Félix Avril, le préfet du Calvados, injustement accusé par quelques journaux de Paris d'avoir apporté des obstacles au départ des gardes nationales de son département, a été noblement vengé de cette lâche calomnie par le témoignage unanime des volontaires de Caen eux-mêmes à leur retour de Paris. (*Bien public*, 4 juillet.)

M. Louis Blanc a été obligé d'adresser la lettre suivante au journal *le Messager :*

« Paris, 18 juillet 1848.

« Monsieur,

« Le 23 juin j'étais à mon poste à l'Assemblée nationale, à l'heure indiquée pour l'ouverture de la séance.

« Depuis ce moment, et tant qu'a duré l'insurrection, je suis constamment resté avec mes collègues, comme ils le savent tous.

« Ce que vous avez dit de ma présence à Versailles, le 24 juin, est donc une calomnie.

« Je vous prie, monsieur, d'insérer cette lettre dans votre prochain numéro. Au besoin, je vous en requiers.

« J'ai l'honneur de vous saluer.

« Louis Blanc. »

(*Messager*, 20 juillet.)

II.

INSINUATIONS.

L'autorité tient les premiers fils de l'horrible complot du 23 juin. Mercredi dernier, les délégués de la commission dite du Luxembourg et ceux des ateliers nationaux ont eu une conférence au Jardin des Plantes. Ils avaient jusque-là été divisés d'opinion, ils se sont rapprochés et entendus, et ont pris rendez-vous pour le lendemain jeudi sur la place du Panthéon. Là, ils se sont trouvés douze cents, qui, d'accord sur l'opportunité d'un mouvement, se sont divisés en trois bandes, lesquelles ont parcouru les divers quartiers de Paris pour appeler aux armes. La lutte a dû commencer, parce que le mot d'ordre avait été donné partout. (*Providence*, 26 juin.)

On retrouve sur quantité de blessés des balles semblables à celles que pendant un mois consécutif les montagnards fondirent fort paisiblement à la préfecture de police.

Presque tous les fusils que, par une inconcevable imprudence, on a laissé emporter par les montagnards licenciés, ont été retrouvés aux mains des insurgés. (*Messager*, 29 juin.)

On assure que le général Lebreton a dans ses mains des lettres et des documents trouvés sur le théâtre de l'insurrection, qui compromettent gravement plusieurs personnages haut placés. Le général a, dit-on, donné communication de ces papiers importants à la commission d'enquête. La perquisition faite chez M. Deflotte a aussi amené la découverte de quelques papiers compromettants pour quelques-uns des membres de l'ancienne commission exécutive. On sait que M. Deflotte a été arrêté dans la taverne anglaise de la rue Saint-Marc-Feydeau, par M. Gibot, capitaine de la garde nationale.
(*Nouvelles du jour.*)

La société des Droits de l'Homme prétend être restée étrangère à l'insurrection de ces jours derniers. Cette société évalue son effectif à trente-cinq mille hommes, et se réserve l'avenir.
(*Bien public.*)

Le *Journal des Débats* fait d'abord le procès à M. Proudhon, et démontre que l'insurrection n'a pu être suscitée que par ceux à qui elle a été utile, en vertu de la vieille maxime : *Is fecit cui prodest.* Immédiatement après cet article, le *Journal des Débats* annonce d'un petit air triomphant que la réunion de la rue de Poitiers, c'est-à-dire MM. Thiers, Dufaure, Vivien, Billault, etc., l'a emporté sur toute la ligne dans la nomination des présidents des bureaux. Mais ces honorables représentants, qui étaient sans influence il y a quelque temps, deviennent puissants aujourd'hui par le fait de l'insurrection. L'insurrection leur est utile, faut-il en conclure qu'ils l'ont provoquée ? A Dieu ne plaise ! Mais voilà l'inconvénient des formules : elles ont toujours deux tranchants.
(*Nouvelles du jour*, 3 juillet.)

Le *Constitutionnel* continue à faire le bon apôtre, à se poser en saint homme. Il mange maintenant du socialiste, comme il a vécu du jésuite pendant trente ans. Cette basse comédie ne peut qu'inspirer la pitié et le dégoût. Pour notre part, nous démasquerons sans relâche tant d'hypocrisie. Nous rappellerons chaque jour à tous les hommes de bien que ce même *Constitutionnel* a, pendant dix-huit mois, propagé les doctrines du socialisme, et qu'il a cette honte d'avoir lui-même fait de beaucoup d'ouvriers des socialistes, pour ensuite les traiter de brigands et les signaler à la haine publique.

(*Nouvelles du jour.*)

III.

ARGENT TROUVÉ SUR LES INSURGÉS.

Il faudra bien qu'on sache un jour ou l'autre d'où provient l'or qu'on trouve en si grande quantité entre les mains des insurgés. Dans un seul hôpital, à la Pitié, sur 589 individus arrêtés, on compte jusqu'à 159,000 fr. en numéraire, tant français qu'étranger. Sur un ordre émané de la commission d'enquête, on a examiné avec soin la nature des valeurs trouvées : l'or y domine.

Autre circonstance curieuse : les aigles de Russie et les guinées anglaises y sont en plus grand nombre que les napoléons, les louis et les philippes. Il s'y trouve aussi quelques pièces frappées au coin de la République, fraîchement frappées, bien entendu.

Dieu veuille, au reste, que le trésor du czar et la bourse toujours hostile de l'Angleterre aient fait les principaux frais de cette nouvelle insurrection des Maillotins. (*Corsaire.*)

Le commandant Thunot, du 4e bataillon des gardes mobiles, blessé à la tête vendredi dernier, a trouvé sur presque tous les cadavres d'insurgés des valeurs considérables, des pièces d'or de toutes nations, et jusqu'à des billets de banques étrangères.

(*Nouvelles du jour,* 30 juin.)

On a remarqué avec surprise parmi les valeurs monnayées trouvées sur les insurgés un grand nombre de pièces de 20 fr. frappées au coin de la République. Cette circonstance est d'autant plus extraordinaire, qu'un fort petit nombre de ces pièces ont été livrées au commerce.

Comment expliquer ce fait? (*Corsaire*, 28 juin.)

Avant-hier, les infirmiers de la Charité ont été obligés de mettre la camisole de force à quatre insurgés, qui, en proie à un délire furieux, voulaient se jeter sur les blessés de la garde mobile et de la troupe. Il a fallu les faire garder à vue dans un appartement séparé.

Presque en même temps, un autre insurgé, blessé mortellement, exprimait en mourant le regret *de s'être fait tuer pour 15 francs!*

(*Providence*, 4 juillet.)

On disait hier à l'Assemblée que M. Berryer avait vu un bon de *dix francs* à payer à un ouvrier, travailleur aux barricades : « *Ce qui est aussi un travail,* » disait ce bon motivé.

(*Démocratie*, 2 juillet.)

La quantité d'or qui a été trouvée sur des insurgés est considérable. Ce matin on a trouvé, *sur un individu* qui avait été arrêté sur les barricades, *une caisse remplie de pièces d'or*. Il pouvait y en avoir pour 7 à 8,000 fr. On dit qu'un homme, qui a été arrêté sur les barricades, a fait quelques révélations. Il aurait avoué que tous les ouvriers des ateliers nationaux recevaient 25 fr., et les brigadiers 50 fr. par jour pour se battre. (*La Liberté d'Arras.*)

D'après les informations qui ont été prises auprès de M. Vincent, directeur de l'hôpital de la Pitié, il résulte que sur 70 individus qui se trouvent à l'hospice, et soupçonnés d'avoir pris part aux affaires, il n'a été trouvé sur eux tous qu'une somme de 2 fr. 25 cent.

(*Bien public*, 4 juillet.)

Sur cinquante à soixante prisonniers amenés à la prison de l'Abbaye, on a trouvé à peine de quoi compléter 10 fr.

(*Peuple constituant*, 26-27 juin.)

IV.

FORÇATS LIBÉRÉS.

Sur huit morts ramassés à la barricade du faubourg Poissonnière, cinq ont été reconnus pour des forçats. Un d'entre eux s'est écrié en mourant : « Quel malheur de se faire tuer pour 10 francs ! »
(*Patrie*, 27 juin.)

Un de nos plus habiles praticiens a constaté que, dans un seul hôpital, sur huit cents insurgés transportés après avoir été blessés, quatre cents ont été reconnus pour être des forçats libérés.
(*Patrie*, 1er juillet.)

Dans le 12e arrondissement, au contraire, le pillage et la férocité semblaient être à l'ordre du jour. C'est principalement de ce côté que paraît s'être portée de préférence *cette population de forçats libérés*, digne avant-garde des ennemis de l'ordre et de la propriété. C'est sans doute à cette classe d'insurgés qu'il faut attribuer les actes de cynisme et de cruauté que la presse a déjà fait connaître. Sur plusieurs points, ils contraignaient, à force de mauvais traitements et de menaces, les habitants inoffensifs à se joindre à eux, et les exposaient les premiers au feu, soit sur les barricades, soit aux fenêtres. C'est ainsi que le chef de l'établissement de la *Belle Jardinière* a péri avec plusieurs de ses commis. Dans les maisons qu'ils occupaient aux abords des barricades, ils se faisaient servir avec une arrogance et une brutalité inouïes.

Triste cause que celle qui a besoin de soudoyer de pareils auxiliaires (1)!
(*Providence*, 1er juillet.)

Le bruit s'était répandu, dimanche dernier, que DOUZE CENTS forçats libérés, en résidence à Rouen, avaient disparu de leur domi-

(1) Nous avons parcouru avec soin les listes de déportation, nous avons suivi les débats des conseils de guerre, nous n'y avons pas vu figurer parmi les insurgés UN SEUL forçat libéré.

cile. On en avait naturellement tiré la conséquence qu'ils étaient allés renforcer l'insurrection, et chacun de se demander comment un si grand nombre d'individus avait pu partir sans qu'on l'eût remarqué.

Le lendemain, le nombre s'était réduit à HUIT CENTS, et l'étonnement était grand encore.

Aujourd'hui, vérification faite, il se trouve que le nombre total des condamnés en surveillance temporaire ou perpétuelle à Rouen est de cinq cents environ, sur lesquels cent cinquante forçats libérés seulement.

Dimanche dernier, une visite faite à leur domicile avait constaté l'absence de TRENTE de ces individus, et l'autorité a pris des mesures pour qu'une enquête sévère soit faite sur les causes de cette absence.

Nous ne saurions trop recommander à nos lecteurs de se tenir en garde contre une foule de bruits qui se répandent à chaque instant depuis plusieurs jours, et s'enveniment à mesure qu'ils se propagent. Certes, le moment n'est pas venu de s'endormir ; mais il serait imprudent aussi de se laisser trop alarmer par les rumeurs que se plaisent à faire circuler sans cesse la peur et la mauvaise foi.

(*Journal de Rouen.*)

Il y a eu quelque exagération, suivant la *Gazette des Tribunaux*, dans ce qui a été dit et imprimé sur le nombre des forçats et des réclusionnaires libérés qui se seraient trouvés dans les rangs des insurgés. Il n'est pas douteux qu'en ces déplorables circonstances, comme dans toutes celles où l'ordre et la sécurité publique sont compromis, des repris de justice n'aient tenté de commettre quelques méfaits ; mais, jusqu'à ce moment, on n'a pu constater d'une manière positive la présence, parmi les prisonniers, que d'une vingtaine de condamnés correctionnels, et l'on n'y a reconnu qu'*un seul* forçat en rupture de ban, nommé Boulard, et un réclusionnaire libéré, Clément, dit Longue-Epée.

V.

RELATIONS D'ASSASSINATS.

Aussitôt que les portes du Panthéon ont ouvert un passage, la brave garde mobile, suivie du 7ᵉ léger et de toutes les autres troupes présentes, s'est précipitée par cette brèche.

Les insurgés attendaient de pied ferme à l'intérieur, et ce n'est qu'après la plus vive fusillade qu'on est parvenu à se rendre maître de la place.

Plus de douze cents arrestations ont été faites, tant dans les caves que dans les combles et dans tous les endroits qui pouvaient offrir une retraite. *On s'explique l'exaspération des troupes quand on saura qu'elles ont trouvé plusieurs de leurs officiers pendus.*

(*Assemblée nationale*, 25 juin.)

Les émeutiers ont commis des atrocités inouïes, dignes d'une guerre de sauvages. Ainsi, ayant fait prisonniers quatre officiers de cette valeureuse garde mobile, ils leur ont fait poser la tête sur un BILLOT *dans le Panthéon*, et un homme déguisé en femme leur a coupé la tête avec une hache.

Un autre officier de la garde mobile a été SCIÉ EN DEUX !!! Ils ont porté les têtes au haut de la balustrade et les ont jetées, avec les épaulettes, dans la place. Dix-huit gardes mobiles, faits prisonniers, ont été *enduits d'essence*, et ces atroces cannibales voulaient y *mettre le feu*, quand les femmes qui se trouvaient là finirent par leur éviter un supplice si féroce. (*Opinion publique.*)

Une femme, arrêtée hier, avouait avec une horrible franchise qu'elle avait tranché la tête à trois gardes mobiles. Sur plusieurs barricades, des têtes coupées et coiffées de képis, avaient été placées comme des épouvantails. Enfin, une tête, dans la bouche de laquelle on avait coulé de la poix et mis une mèche, a été plantée sur une pique. Cet horrible fanal a été allumé et les misérables qui avaient commis cette effroyable barbarie chantaient autour de ce hideux trophée : **des lampions ! des lampions !** (*Constitutionnel.*)

C'est à ne pas y croire ; le récit de tant de monstruosités semble emprunté à quelque relation de voyage au milieu d'une horde de cannibales, ou aux combats de ces barbares qui nous sont racontés par l'histoire.

Au milieu des insurgés, de malheureux prisonniers ont été mutilés de la manière la plus affreuse ; non contents de leur donner la mort, ils leur ont souvent fait subir les mutilations les plus horribles.

Des femmes se sont surtout fait remarquer par leur épouvantable cruauté ; les horribles *tricoteuses* de la première révolution se trouvaient encore là avec leur barbarie révoltante.

Des prisonniers ont eu les poings, les bras, les jambes coupés ; quelques-uns ont été sciés par le milieu du corps ; d'autres, ont eu les yeux crevés, les oreilles arrachées.

De malheureux jeunes gardes mobiles, faits prisonniers, avaient été mis, au nombre de plus de vingt, dans un four de poterie ; le feu avait été allumé lorsqu'ils ont été délivrés.

De l'huile bouillante, de la térébenthine enflammée étaient jetées sur la troupe et la garde nationale (1). (*Mémorial d'Aix*, 2 juillet.)

Coïncidence singulière. Les mêmes faits de cruauté reprochés aux insurgés de Paris pèsent sur les insurgés de Prague, à la tête desquels se trouvaient plusieurs nobles slaves. Des officiers pris ont été mutilés, puis décapités ; des femmes ont été violées ; enfin, on a trouvé dans la maison d'un de leurs chefs, qui s'appelle Belani, une liste de proscription sur laquelle figuraient tous les Allemands distingués de la ville de Prague. Il est vrai que les Slaves regardent les Allemands comme leurs ennemis. Par contre, dans cette ville tous les prisonniers pris les armes à la main ont été passés par les armes sans aucune miséricorde. (*Constitutionnel*, 29 juin.)

Quelques personnes qui paraissent bien informées assuraient que l'une d'elles annonçait que le canon tonnait dans les rues de Paris, le 24 depuis neuf heures du matin ; on ajoutait que MM. Ledru-Rollin et Lamartine auraient été victimes de la fureur populaire. On se serait emparé de leur personne, et ils auraient été traînés dans le ruisseau.

(*Courrier de la Gironde.*)

On a répandu beaucoup de bruits sur les atrocités qui se seraient commises *dans le Panthéon et ses caveaux par les insurgés* sur les

(1) Toute cette déclamation a pour objet le fait du Panthéon, qui était entièrement controuvé et qui fut démenti le lendemain ; mais le mensonge courait la province, et la calomnie avait porté ses fruits.

soldats devenus leurs prisonniers, et touchant les représailles auxquelles se seraient portées les troupes sur les insurgés, prisonniers à leur tour. Il n'y a point eu dans le Panthéon de prisonniers d'aucune sorte pendant le combat; il n'a donc pu y avoir de cruautés commises en ce lieu, *qui n'a même été souillé d'aucune goutte de sang*. Les insurgés ont pu en sortir par une porte de derrière lorsque le canon est venu enfoncer la porte principale.

(*Patrie*, *Univers*, 28 juin.)

Aux récits envenimés publiés sur l'insurrection de juin par plusieurs journaux, et surtout par celui de M. Thiers, à ces hideuses peintures de soldats mutilés, de têtes coupées par des femmes, etc., nous opposons les extraits suivants du journal le *Droit*. Il s'agit du procès de la femme Hébert, dite Rigolette, accusée d'avoir scié la tête d'un capitaine de la garde mobile.

« Il est aujourd'hui constaté que, dans la malheureuse bataille qui a ensanglanté les rues de Paris, il n'a pas été commis, *excepté l'assassinat de l'héroïque Bréa*, de ces actes d'anthropophages, et que, bien plus, dans le quartier latin, signalé par la rumeur publique comme le théâtre d'une de ces monstruosités, on n'a eu à regretter la mort d'aucun officier de la garde mobile.

« Rigolette, au moment des événements de juin, habitait un garni de la rue des Lyonnais, en société avec un célibataire nommé Lebrun, qui prit une part très-active à l'insurrection, et a été, par suite, transporté.

« Rigolette, le samedi 24, à 6 heures du matin, mit des vêtements appartenant à son associé, et descendit dans la rue dans le but, dit-elle, de porter des secours aux blessés. Mais si elle eut réellement cette bonne pensée, elle ne trouva pas l'occasion de la mettre à exécution; après avoir assisté à la prise de l'Ecole de Droit, par la troupe de ligne et la garde mobile, elle se réfugia dans une maison de la rue des Francs-Bourgeois, mais la portière ne lui permit pas d'y rester, et Rigolette ainsi expulsée fut bientôt, malgré son costume, reconnue pour une femme et arrêté par des gardes mobiles.

« En ce moment-là, dans Paris, on ne parlait que de crimes affreux, de mutilations commises par les insurgés sur de malheureux soldats. La voix publique attribuait principalement des actes barbares à des femmes; aussi un garde mobile s'étant écrié, à la vue de Rigolette: « Voilà une de ces coupeuses de tête; c'est celle qui a scié la tête de mon capitaine avec une planche! » on se précipita sur elle et on l'arrêta; malgré ses dénégations on la conduisit à la caserne de la rue des Grès. De là on la transféra rue de Tournon, et l'exaspération des soldats était montée à un si haut point, que si Rigolette n'avait pas eu l'heureuse idée de dire qu'elle avait des révélations à faire, nul doute qu'elle n'eût payé de sa vie la conviction que l'on avait de sa culpabilité.

« Ajoutons que l'idée de ce meurtre hideux était tellement entrée dans l'esprit de la population, que, dans ce moment, un maréchal des logis blessé mortellement étant passé, porté sur un matelas et la figure couverte d'un drap ensanglanté, on s'écria : Voilà le capitaine mutilé par cette furie !

« Pendant les trois mois qu'a duré l'instruction de cette affaire, on a fait de vaines recherches pour trouver des traces du crime imputé à l'accusée ; on a fait battre un ban dans toutes les compagnies de la garde mobile pour savoir si quelqu'un pouvait donner des renseignements sur la femme Hébert ; un seul homme s'est présenté, le sergent Delaborde ; il a assisté à l'arrestation de l'accusée ; elle avait, dit-il, un cabas dans lequel on a trouvé *un dé pour fondre des balles* et des balles toutes fondues. Mais tous les autres témoins, entre autres la portière de la maison où Rigolette avait tenté de se réfugier, déclarent n'avoir pas vu ce cabas.

« M. Delattre, commissaire du gouvernement, abandonne l'accusation d'assassinat, mais il persiste dans celle de participation à un mouvement insurrectionnel. Il pense que Rigolette a été entraînée dans les rangs des insurgés par Lebrun, et par suite de ses relations avec les ouvriers des ateliers nationaux à qui elle vendait la goutte au Champ-de-Mars.

« Me Cartelier présente la défense.

« Sur la question d'assassinat, la femme Hébert dite Rigolette est acquittée à l'unanimité ; elle est acquittée à la minorité de faveur sur les autres chefs d'accusation. »

Nous ne ferons qu'une réflexion sur cette affaire. Il y a longtemps que nous demandons pour la presse la constitution d'un jury d'honneur chargé de flétrir le mensonge et la calomnie. Nous réclamons plus que jamais la création de ce tribunal, qui aurait lieu d'exercer maintenant sa sévérité. Raconter, après juin, que des poignets, des têtes avaient été coupés par les insurgés, des balles, des cigares, des verres d'eau-de-vie empoisonnés, etc., c'était faire acte de mauvais citoyen, alors même que ces affreux détails eussent été vrais. C'était perpétuer la haine entre les classes et publier ce qu'un sentiment de fraternité sincère eût prescrit impérieusement de cacher. Que penser maintenant des écrivains qui ont excité l'exaspération par ces récits odieux, en les sachant faux ou tout au moins avant de s'être assurés de leur véracité.

Ce sont là des actions infâmes. (*Démocratie*, 14 décembre.)

Les renseignements qui nous parviennent des divers quartiers de

Paris nous permettent de rectifier plusieurs faits inexacts reproduits tout d'abord par différents journaux, et qui sont suffisamment démentis par le seul aspect des lieux.

Ainsi, l'église Saint-Vincent-de-Paule n'a pas été occupée, comme on l'a dit, par les insurgés. Gardée par un fort détachement de garde mobile et de troupe de ligne, elle n'a pas même été attaquée.

Sur la rive gauche, les abords de l'église Saint-Séverin avaient été hérissés de barricades formidables; mais l'église n'a point été bombardée, et n'a pas servi d'ambulance. Les *quinze cents cadavres* de gardes nationaux qu'un journal y faisait figurer hier sont de pure invention. La maison de la *Belle Jardinière*, qu'on disait presque détruite par les boulets, n'a pas été canonnée, et n'a même que peu souffert au dehors; *mais les marchandises ont été pillées ou détruites par les insurgés.* (*Providence*, 28 juin.)

On continue à répandre le bruit qu'on a trouvé des guillotines toutes neuves à Lyon, à Vaise, à la Guillotière; on cite les maisons de roulage qui les ont expédiées dans le Midi; un rapport très-circonstancié a même été adressé sur ce fait à l'autorité municipale par un commissaire de police. Nous avons voulu remonter à la source de ces bruits, et voilà à cet égard, ce que nous avons appris et ce que nous pouvons garantir.

On a vu, en effet, à la porte d'un commissionnaire-chargeur une large plaque de fonte percée de six grands trous ronds et qu'on avait enveloppée de paille pour la garantir des chocs; ces trous ont fait penser aux badauds que c'était là un instrument de supplice d'un nouveau genre. C'était tout simplement la plaque d'un grand fourneau de cuisine destiné à quelque hospice et tel que ceux que l'on peut voir à l'Hôpital, à la Charité, à l'Antiquaille et probablement dans beaucoup d'autres grands établissements.

(*Courrier Français*, 13 juillet.)

Le *Constitutionnel* revient sur les horreurs qu'il a mises en circulation sur ces faits de barbarie, *fort exceptionnels, souvent controuvés*, et dont la publicité ne peut faire que du mal. Ce journal ne recule pas devant l'indignité de faire figurer ces odieux souvenirs de guerre civile dans un réquisitoire contre tous les socialistes, c'est-à-dire contre tous les hommes qui veulent améliorer les institutions sociales. (*Démocratie pacifique*, 2 juillet.)

M. l'archevêque de Paris était à peine frappé, que les insurgés l'enveloppèrent, et l'ayant relevé avec des marques de respect, le portèrent à l'hospice des Quinze-Vingts, où il a passé la nuit sous leur garde. Une députation est venue protester de leur part, qu'ils n'avaient point tiré sur le prélat; et M. le vicaire général Jacquemet *leur a délivré une lettre contenant qu'en effet la blessure ayant eu lieu par derrière et de haut en bas, il ne croyait pas qu'elle pût avoir d'autre cause qu'un accident.*

(*Peuple constituant*, 28 juin.)

VI.

PROJECTILES EMPOISONNÉS, BALLES MACHÉES, ETC.

Un grand nombre de balles extraites des blessures reçues par la garde nationale ou l'armée se composaient de lingots de fer percés dans lesquels, par un raffinement de cruauté qui n'a pas d'exemple, on avait enfoncé une tige en cuivre saillante des deux côtés. Dans plusieurs cas, cette abominable précaution n'a pas permis l'extraction des projectiles, *et les blessés ont dû succomber.*

(*Patrie*, 28 juin.)

A chaque instant, il nous arrive aussi d'affreux détails sur les tentatives d'empoisonnement faites par les marchands de vin, par les cantinières, et sur les moyens que les insurgés employaient pour charger leurs fusils. Dans les plaies d'un grand nombre de blessés, on a trouvé des balles carrées, des lingots de fer, et, hier, à l'hospice de la Charité, on a retiré de la jambe d'un homme qu'on venait d'amputer, huit grosses dents et un clou. (*Providence*, 29 juin.)

A deux pas du cadavre du sieur Laroque, rédacteur du *Père Duchêne*, déposé à la mairie du 2e arrondissement, on voyait hier une pompe saisie dans les barricades de la barrière Rochechouart. Le réservoir de cette pompe était plein d'huile de vitriol, que les insurgés jetaient au visage des défenseurs de l'ordre. A côté de cette pompe se trouvaient quinze grandes bouteilles de fer-blanc contenant de l'essence de térébenthine destinée à incendier les maisons.

(*Patrie*, 27 juin.)

Tout le monde sait que l'acide sulfurique, connu dans le commerce sous le nom d'huile de vitriol, corrode profondément la plupart des métaux avec lesquels il se trouve en contact, et qu'il ne resterait pas cinq minutes dans le réservoir d'une pompe ordinaire. L'invention de *la Patrie* est donc aussi absurde et aussi ridicule qu'elle est odieuse.

Nous considérons comme un devoir de dire que, dans aucune des balles que nous avons extraites ou vu extraire, nous n'avons constaté la présence d'un poison quelconque ; les plaies elles-mêmes n'ont présenté aucun symptôme de plaies empoisonnées. Nous avons, au contraire, vu un assez grand nombre de balles d'une forme plus ou moins contournée, ou faites avec des matières inaccoutumées, telles que le cuivre et le zinc ; mais les blessures faites par ces balles *ne nous ont pas paru avoir une gravité particulière.*

Nous avons vu saisir un assez grand nombre de balles percées d'un trou à leur centre, lequel trou était rempli d'une matière blanche. Cette matière n'ayant pas été analysée, nous ne saurions dire si elle est en tout ou partie formée par une matière toxique ; mais nous sommes disposés à croire le contraire, en considérant que les défenseurs de l'ordre blessés près du lieu où la saisie a été faite n'ont présenté aucun symptôme particulier.

On sait, d'ailleurs, que les analyses faites par M. Pelouze des liquides supposés empoisonnés n'ont nullement confirmé les soupçons qu'on avait eus. (*Gazette des hôpitaux*, 4 juillet.)

On lit dans la *Gazette des Hôpitaux* l'opinion suivante d'un médecin qui a soigné les blessés de juin :

« On doit, je crois, attribuer la *mâchure* de plusieurs balles à la nature des combats. Dans les rues, les balles rencontrent une foule de corps durs qui les déforment. »

Nous avons vu, en effet, des balles ramassées sur les lieux du combat qui étaient tordues, tournées, contournées, échancrées et aplaties de la façon la plus étonnante, par l'effet des murs qu'elles avaient frappés et qui se les étaient renvoyées.

(*Représentant du Peuple*, 7 juillet.)

La plupart des insurgés qui ont été blessés périssent presque tous des suites de leurs blessures ; cependant les mêmes soins leur sont donnés dans les hôpitaux, comme s'ils appartenaient à la garde nationale ou à l'armée. Les médecins attribuent cette mortalité à l'abandon où auraient été laissés les blessés dans les premiers jours de l'insurrection et au manque de chirurgiens pour leur donner les premiers soins et placer les premiers appareils. (*Réforme.*)

On fait depuis quelques jours, dans certains journaux, un commerce indigne de chroniques hideuses.

Ainsi le pistolet et le poignard sont des expédients déjà trop vulgaires ; l'empoisonnement joue un rôle plus varié ; il se multiplie sous toutes les formes. Ici, ce sont des femmes vendant de l'eau-de-vie empoisonnée ; là, des marchands offrant aux soldats des cigares vénéneux dont ils éprouvent instantanément les effets meurtriers. Nous ne parlons pas des mutilations, des têtes coupées, vengeances atroces, dont la fréquente répétition doit peu étonner de la part des gens qui avaient organisé le *pillage et le viol.*

Sur chaque prisonnier, qui ne le sait, on a trouvé des preuves de cet acharnement impitoyable. Avant toute chose, dit-on, les insurgés voulaient tuer. La balle simple, la balle mâchée elle-même, projectiles ordinaires, ne donnaient pas la mort assez sûrement. Des morceaux de cuivre oxydé, ou, bien mieux encore, de petits tuyaux de cuivre remplis de poudre et munis d'une mèche, de manière à ce qu'ils éclatassent dans la plaie, voilà les ingrédients dont les insurgés chargeaient leurs fusils !

Nous nous arrêtons ; car, pour parler enfin sérieusement, nous en sommes à nous demander si ces récits sont l'effet d'un délire extravagant ou le lâche calcul d'un parti qui spécule, comme toujours, sur la calomnie ; nous en sommes à nous demander si c'est bien notre nation qu'on veut représenter par ce tableau infâme.

Et c'est ainsi qu'on espère rallier les esprits, calmer les passions et ramener la concorde et la paix au sein de la patrie déchirée !

(*Réforme*, 30 juin.)

VII.

VIN, EAU-DE-VIE, CIGARES EMPOISONNÉS.

Les gardes mobiles sont l'objet de la sympathie universelle, et ceux d'entre eux qui ont été décorés pour leur admirable conduite sont particulièrement désignés à la reconnaissance publique. Les poignées de mains des hommes, les fleurs, et même les baisers des femmes ne leur manquent pas. Mais ils doivent se méfier d'abominables tentatives. Des bruits d'empoisonnement ont couru, et la police a fait prévenir les bataillons, par l'organe de leurs chefs, d'avoir à se méfier des verres de vin qui leur sont offerts par des inconnus. En les acceptant imprudemment, nos jeunes défenseurs courraient le risque de succomber sous l'infernale méchanceté des barbares qui n'ont pu les vaincre. (*Constitutionnel*, 29 juin.)

Une vive émotion régnait au coin de la rue du Temple, à six heures. La pharmacie située à l'entrée de cette rue, était entourée et cernée par la garde mobile. Un soldat de cette garde venait d'être amené chez le pharmacien, où l'on espérait le sauver d'un empoisonnement dont ce jeune militaire était victime.

Des recommandations ont été adressées à tous les chefs de la mobile pour prévenir ces cruelles vengeances que l'on attribue aux vaincus échappés des mains de ces courageux enfants de Paris.

(*Constitutionnel*, 29 juin.)

En passant ce matin dans la rue des Barres, plusieurs de nos rédacteurs ont vu les gardes mobiles de la caserne des Célestins fort agités et fort émus par un douloureux événement. Un simple soldat de la 6e compagnie du 6e bataillon, le nommé Audoy, était tombé soudainement malade, sans pouvoir articuler une parole. Le médecin, appelé immédiatement auprès de lui, a reconnu tous les symptômes de l'empoisonnement. L'état de ce jeune et brave militaire paraît extrêmement grave. L'affliction de ses camarades était d'autant plus vive, qu'Audoy est marié et père de deux enfants.

Nous ne saurions trop vivement engager les gardes nationaux mobiles à obéir aux ordres de leurs chefs, qui leur recommandent la prudence. En n'écoutant que la confiance naturelle à leur loyauté et à leur courage, ils peuvent devenir victimes de lâches guet-apens. On n'a pu les vaincre, on cherche à les décimer par l'assassinat.

(*Constitutionnel*, 30 juin.)

La lettre suivante été adressée au *Constitutionnel* :

Monsieur,

Plusieurs journaux ont rapporté, notamment le *Moniteur* et le *National*, que les eaux-de-vie saisies sur les cantinières, et analysées par M. Pelouze, ne contenaient aucun poison.

Le 25 au soir, j'ai été appelé à l'Assemblée nationale pour donner des soins à plusieurs de ces malheureux militaires, victimes de ces lâches empoisonnements, un de ces militaires étant dans un état désespérant, j'ai demandé à être introduit auprès des cantinières arrêtées, pour reconnaître la nature du poison qui se trouvait dans les eaux-de-vie; une de ces cantinières qui avait trois bouteilles dans son panier, m'offre d'abord à goûter de deux de ses bouteilles, dont les eaux-de-vie n'avaient aucune saveur de poison; ayant poussé mes investigations sur la troisième bouteille, je l'ai trouvée contenir une dissolution concentrée d'un poison corrosif, ayant la saveur de l'acide arsénieux (arsenic blanc).

J'en ai fait mon rapport au président de l'Assemblée nationale et au commissaire de police de l'assemblée,

J'ai bien l'honneur d'être, monsieur,
votre serviteur,

TILLARD,
Chirurgien aide-major du bataillon de Fréneuse
(Seine-et-Oise).

La Roche-Guyon, 3 juillet 1848.

P. S. Je vous autorise à publier cette lettre si vous le jugez convenable (1). (*Constitutionnel*, 5 juillet.)

Le fait de tentatives d'empoisonnement par quelques cantinières paraît malheureusement hors de doute. On cite par exemple un des gardes nationaux arrivés de Clermont-sur-Oise, M. Pouillaude, de Pont-Saint-Maxence, qui, après avoir pris un petit verre d'eau-de-vie, a été pris de vomissements offrant tous les symptômes de l'empoisonnement. Nous sommes heureux de pouvoir ajouter que ce citoyen, qui a reçu de prompts secours, paraît aujourd'hui hors de danger.

Ce soir même, les compagnies de garde nationale qui se trouvaient sur le quai d'Orsay ont été averties que des cigares qui venaient de leur être vendus paraissaient empoisonnés. (*Univers*, 27 juin.)

(1) On voit avec quelle inconcevable témérité, pour ne pas dire plus, des hommes spéciaux se permettaient de lancer des inculpations aussi graves. Les gens de l'art, et les personnes qui ont quelquefois assisté aux investigations de la justice en matière d'empoisonnement, savent quelles précautions minutieuses, quelles opérations délicates sont indispensables pour constater la présence de l'arsenic dans un liquide. M. Tillard se contente *d'une simple dégustation* pour donner une affirmation qui, dans les circonstances où l'on se trouvait, pouvait devenir un arrêt de mort.

On a arrêté aujourd'hui, au Gros-Caillou, UN HOMME qui vendait aux militaires de l'eau-de-vie empoisonnée.

En voyant tomber leurs camarades comme frappés de vertige, plusieurs soldats s'en sont emparés malgré sa résistance, qui a été tellement vive, qu'il a fallu le garrotter et le transporter sur une civière.

Cet homme a été déposé dans les caveaux de l'Assemblée nationale, transformés en prisons depuis quelques jours. (*Patrie*, 28 juin.)

Hier, on a arrêté au Gros-Caillou et on a amené à la chambre UNE VIVANDIÈRE accusée d'avoir vendu de l'eau-de-vie empoisonnée. *Cette femme*, armée d'un pistolet à deux coups, avait voulu le décharger sur les mobiles qui procédaient à son arrestation, et c'est après une longue résistance qu'on a pu la garrotter.

Déjà la commission d'enquête est saisie de faits analogues, et des eaux-de-vie saisies ont été soumises à l'analyse des experts jurés. (*Messager*, 29 juin.)

Il est malheureusement indubitable que de l'eau-de-vie empoisonnée a été vendue sur plusieurs points à la garde nationale, à la garde mobile et aux troupes. Déjà des journaux ont signalé des faits de ce genre sur le Carrousel et dans les environs de l'Assemblée. Hier, dans les environs du Panthéon, nous avons vu trois gardes mobiles tomber, pris de convulsions et de souffrances horribles, après avoir bu de l'eau-de-vie qui leur avait été vendue par une femme en noir qu'on n'a pu retrouver. (*Providence*, 30 juin.)

Le jeune garde mobile Martin a été l'objet d'une tentative d'empoisonnement, au moyen d'un cigare qu'un passant venait de lui offrir après l'avoir embrassé; des soins empressés l'ont sauvé.

On dit que, rue Vivienne, un officier est tombé mort par suite d'un crime de même nature. (*Messager*, 30 juin.)

Les empoisonnements se joignent aux autres genres d'assassinat. On a déjà signalé plusieurs de ces crimes ; chaque jour on en annonce de nouveaux. De misérables femmes vont vendant du vin ou de l'eau-de-vie empoisonnés. Hier, dans la rue Saint-Dominique, au Gros-Caillou, une de ces odieuses créatures insistait tellement, en offrant sa marchandise à des gardes mobiles, que ceux-ci conçurent des soupçons ; le vin fut analysé ; le poison y fut reconnu en forte dose. La mégère se mit alors à vomir d'affreuses imprécations, à se vanter de son crime ; tel était son paroxysme de rage, qu'il fallut la lier. . . . .

Par malheur, d'autres tentatives ont mieux réussi. Plusieurs mobiles ou autres militaires ont péri de la sorte ; on cite également un pauvre tambour des gardes nationales d'Indre-et-Loire (1).

L'empoisonnement se pratique aussi avec des *cigares* que des marchands vont offrir aux soldats et aux gardes nationaux. A peine ces cigares sont-ils dans la bouche, que leurs effets meurtriers se font sentir.

On frémit de cet épouvantable excès de scélératesse.

(*Drapeau national*, 30 juin.)

On nous annonce un fait que nous voudrions ne pas croire, c'est qu'on a trouvé des traces d'arsenic dans quelques paquets de charpie envoyés aux ambulances. (*Patrie*, 3 juillet.)

Le *Moniteur* démentait hier les faits d'empoisonnement des soldats de l'ordre, au moyen d'eau-de-vie offerte par des cantinières. Nous ne voudrions pas ajouter aux barbaries de toute nature exercées dans les tristes journées de juin, mais, au nom de la vérité, nous devons protester contre la rectification du *Moniteur*. Les faits d'empoisonnement sont vrais, et nous tenons de la bouche d'un de nos compatriotes, qui a courageusement combattu dans les rangs de la garde nationale de Paris pendant ces quatre jours de lutte, qu'il n'y a rien d'exagéré dans les bruits qui ont circulé à cet égard. Il affirme avoir été témoin d'un crime de cette nature.

Notre compatriote nous a également déclaré qu'il ignore si quelques prisonniers étaient po teurs de fortes sommes en monnaies étrangères ; mais il affirme de la manière la plus formelle que tous les insurgés qui ont été pris et fouillés sous ses yeux étaient nantis de monnaies françaises, consistant surtout en pièces d'or de vingt francs entièrement neuves, à l'effigie de la République (2).

(*Courrier de la Gironde*.)

(1) Ce journal a voulu parler d'un tambour de la garde nationale de La-Châtre (Indre), qui tomba évanoui en débouchant sur la place de la Concorde, le 28 juin. Ayant aperçu les cuirasses dont les cavaliers s'étaient débarrassés, de mauvais plaisants lui firent croire que c'étaient des cadavres mutilés par les insurgés qui leur auraient coupé la tête, les jambes et les bras. Il fut saisi d'une telle frayeur, qu'il perdit connaissance et resta plusieurs jours privé de sa raison.

(2) Malgré la netteté des démentis officiels, le *Courrier de la Gironde* tient à conserver le *bon effet* produit par cet horrible mensonge des empoisonnements, or il a recours au témoignage de ce *compatriote*, qu'il se garde bien de nommer. On sait que cette feuille est l'organe le plus violent de

Note insérée dans tous les journaux de Paris.

Quelques journaux ont annoncé que plusieurs femmes avaient été arrêtées au moment où elles vendaient aux soldats de l'eau-de-vie empoisonnée. Il est vrai que les arrestations dont il s'agit ont eu lieu : mais il faut ajouter que l'analyse, à laquelle il a été procédé par M. Pelouze, a constaté de la manière la plus formelle qu'il n'existait aucune substance vénéneuse dans l'eau-de-vie saisie.

On a aussi annoncé que le 27 juin on avait arrêté une vivandière accusée d'avoir vendu de l'eau-de-vie empoisonnée dans le quartier du Gros-Caillou, que cette vivandière avait opposé la plus vive résistance, qu'on ne lui avait pas laissé le temps de faire usage d'un pistolet, etc.

Cette femme n'était pas vivandière ; elle ne vendait pas d'eau-de-vie. Elle était ivre.

Il est faux aussi que depuis la fin de la lutte, il y ait eu un seul prisonnier fusillé.

Les derniers jours que nous venons de traverser ont été signalés par trop de douloureux événements, pour qu'on ne soit pas heureux de démentir de pareils faits. (*Communication officielle.*)

Rapport adressé à M. le maire de Paris par le chirurgien en chef délégué à l'ambulance de l'Assomption :

« Citoyen maire,

« Dès les premiers jours de l'insurrection, des accidents fréquents et souvent très-graves, survenus après l'injection d'alcool distribué dans les rues par des marchands ambulants ont éveillé l'attention, et bientôt la rumeur publique les a fait attribuer à des tentatives d'empoisonnement.

« Un grand nombre de blessés nous sont arrivés dans un état d'exaltation étrange ou de prostration simulant une ivresse dont les caractères insolites nous ont frappé. Quelques-uns offraient tous les

la haute bourgeoisie de Bordeaux qui a de tout temps brillé par l'absence de tout patriotisme. Voici, du reste, un spécimen du style de ce journal, autrefois conservateur :

« Paris, la ville *infâme*, la Gomorrhe moderne, la source de toutes nos calamités et de toutes nos misères, Paris est en feu... Les départements de la France ne secoueront-ils pas un jour ce joug absolu et odieux... Paris n'est plus la France, Paris n'est plus la nation, Paris a été sauvé le 16 avril et nous a donné l'infamie, Paris a été sauvé le 15 mai, il nous a donné la misère, le trouble, la trahison, la guerre civile, la *dictature*. »

(*Courrier de la Gironde*, 25 juin.)

symptômes d'une attaque de choléra ; d'autres étaient en proie à un délire dont la durée et la fixité des idées simulaient l'aliénation mentale.

« Toute notre attention s'est alors portée sur les liqueurs vendues dans les rues. Nous avons reconnu que la boisson désignée sous le nom d'eau-de-vie ne contenait qu'une très-petite quantité d'alcool, étendue d'eau, mélangée avec un liquide âcre et inodore, et colorée par une décoction de tan ou de tabac.

« C'est à cette dernière substance agissant sur des individus plus ou moins privés de nourriture, et surexcités par l'ardeur du combat, qu'on doit attribuer l'étrange fureur de quelques combattants et les actes de barbarie dont Paris a été attristé.

« C'est là sans doute aussi une des principales causes de ces déplorables accidents, de ces morts subites dont la population s'est émue, et qu'elle a cru le résultat de crimes sauvages et prémédités.

« Nous appelons l'attention de l'autorité sur les falsifications qu'on a fait subir à des boissons dont la consommation s'est considérablement accrue, et dont l'usage, même modéré, qu'en peuvent faire des personnes qui n'y sont pas habituées, n'est pas sans danger.

« Nous serions heureux, citoyen maire, que notre mission temporaire nous ait mis à même de concourir à détruire d'odieux soupçons que, nous le répétons, rien n'est venu justifier.

« Salut et fraternité.

29 juin 1848. « Le docteur Héreau.

(*Moniteur.*)

Pendant le combat, une malheureuse vivandière, accusée de vendre de l'eau-de-vie empoisonnée, allait être passée par les armes. Deux représentants du peuple, MM. G. Sarrut et A. Mie, cherchaient à la sauver. G. Sarrut, voyant qu'il ne pouvait dompter l'exaspération de la foule, s'écria : « Malheureuse, si tu as empoisonné les défenseurs de la patrie, tu n'es pas digne de périr par le fer, mais par le poison ! Avale ta liqueur !... » Et la pauvre vivandière saisit avec empressement ce moyen de salut. Mise en liberté, elle a rejoint le régiment de dragons auquel elle appartenait.

(*Providence*, 28 juin.)

Nous avons annoncé hier qu'une instruction se poursuivait au sujet des bruits d'empoisonnement qui ont été répandus dans le public. Déjà de l'eau-de-vie analysée par M. Pelouze s'est trouvée aussi pure que l'eau-de-vie ordinaire. Des matières de vomissements de deux gardes mobiles, analysées par MM. Flandin, Chevalier et de Morlac, chirurgien de la garde mobile, ne contenaient aucune trace de poison. Les deux jeunes gens, du reste, qui avaient éprouvé ces vomissements étaient rétablis peu de temps après. On ne peut trop se mettre en garde contre tous les bruits que l'on fait courir. Le juge d'instruction, M. Filhon, est chargé de continuer l'enquête qu'il a commencée. L'opinion publique sera donc bientôt complétement éclairée, et justice sera faite, ou des coupables, ou de soupçons trop odieux. (*Providence.*)

Il y a un parti qui veut faire croire aux empoisonnements ; on disait ce soir dans des groupes qu'un des jeunes gardes mobiles récemment décorés avait été empoisonné au moyen d'un cigare qui lui avait été offert.

Cinq dragons seraient également morts du poison sur la place de la Concorde. Ces bruits sont sans aucun fondement. (*National*, 30 juin.)

Voici encore une anecdote relative aux prétendus empoisonnements, racontée par un garde national du détachement de Beauvais :

« La cantinière Louise Davenne, qui avait accompagné le détachement, manqua d'être victime d'un terrible malentendu. Le bruit s'était répandu, comme on le sait, que l'eau-de-vie vendue par les cantinières était empoisonnée. M. le colonel de Goyon prévint les hommes du détachement des rumeurs qui circulaient à cet égard, et leur donna le conseil, pour plus de sûreté, de ne prendre que de l'eau-de-vie vendue par leur cantinière. Mais il fallait entretenir la provision. On envoya la cantinière chez un marchand de liqueurs dont la maison était occupée par la garde nationale de Paris, et offrait ainsi de la sécurité.

« La cantinière, dans sa course, fut prise par des gardes nationaux que les bruits d'empoisonnement avaient exaspérés. Un d'entre eux lui posa un pistolet sur la poitrine. Heureusement pour elle, elle portait inscrit sur son chapeau ciré le nom de la ville de Beauvais. Un maréchal de logis du 2e dragons l'aperçut se débattant entre quatre hommes, il s'élança vivement vers elle, en criant : « Je connais cette femme-là ; elle est de Beauvais. Je m'en charge. » Il la débarrassa et lui rendit la liberté. Elle put rejoindre le détachement, encore tout émue du danger qu'elle venait de courir.

(*République*, 7 juillet.)

VIII.

TÉLÉGRAPHES CROIX ROUGES, BOULETTES INCENDIAIRES.

On a appelé plus d'une fois l'attention de la police sur les signaux au moyen desquels les conspirateurs communiquaient entre eux. Un grand nombre d'habitants de Paris ont pu voir la nuit, d'un point culminant, tel que la hauteur de Montmartre, des lumières ascendantes et descendantes se correspondre sur des toits dans tous les quartiers. Les faits ont été plus d'une fois dénoncés. Cependant, aux jours de la bataille, ces moyens de communication existaient encore. Ils ont servi puissamment aux progrès momentanés de l'insurrection. Au moment de la reddition du faubourg Saint-Antoine, on a remarqué que des signaux particuliers ont été employés. La nuit dernière, d'après des informations que nous avons lieu de croire exactes, on en a vu sur les toits de la rue Saint-Honoré.

(*Constitutionnel*, 1er juillet.)

Hier, dans la nuit, le poste de la garde nationale, établi dans la rue Bleue, a fait une capture importante. On avait remarqué, au faîte d'une maison de la rue Bergère, une illumination qui, à cette hauteur, semblait suspecte. La mobilité des feux, la variété de leurs dispositions, ne tardèrent pas à donner plus de consistance à ces soupçons. Une perquisition dans la maison eut pour résultat l'arrestation des quatre individus préposés à ce télégraphe nocturne. Conduits d'abord à la mairie du 2e arrondissement, ils ont été dirigés sous bonne escorte vers l'hôtel de ville.

(*Estafette*, 1er juillet.)

L'état-major de la garde nationale a constaté cette nuit que trois des maisons qui avoisinent la place du Carrousel échangeaient vers minuit des signaux ; quatre chandelles, placées aux fenêtres les plus élevées, étaient alternativement élevées ou abaissées, tantôt une, tantôt deux, tantôt toutes les quatre. On supposait que les signaux étaient faits pour Montmartre. Le fait a été déclaré, et procès-verbal en a été dressé. (*Siècle*, 1er juillet.)

On a retenu aux Tuileries la femme Latapie, arrêtée rue de Rivoli, n. 18, que la clameur publique avait signalée comme faisant, pendant la nuit, des signaux aux insurgés au moyen de lumières coloriées qu'elle abaissait, inclinait ou relevait successivement. Cette femme, âgée de plus de cinquante ans, refuse de répondre aux questions qui lui sont faites, et, lorsque l'on insiste, elle est saisie d'un mouvement convulsif. (*Constitutionnel*, 5 juillet.)

Hier, à quatre heures, sur la place de la Concorde, des gendarmes du département de la Seine entourèrent quatre individus dont ils avaient le signalement, et qu'ils arrêtèrent immédiatement. S'il faut en croire les bruits, ces individus auraient été signalés à la police comme étant une capture de la plus haute importance; leur arrestation se rattacherait aux signaux télégraphiques dont l'apparition avait donné l'éveil à la police. (*Constitutionnel*, 5 juill.)

Hier soir, dans la rue Richelieu, des gardes nationaux se sont emparés d'un individu qui, de la fenêtre d'un cinquième étage, échangeait, depuis une heure, des signaux vers Montmartre, à l'aide de deux lumières qu'il élevait et abaissait alternativement. Cet individu, qui expliquait fort mal sa conduite, a été mené chez le commissaire. (*Constitutionnel.*)

La police a arrêté cette nuit deux hommes et une femme qui faisaient des signaux de nuit rue Neuve-des-Bons-Enfants. Ces signaux correspondaient, dit-on, avec Montmartre.
(*Gazette des Tribunaux*, 7 juillet.)

Plusieurs maisons avaient été marquées pendant les événements, de croix vertes ou rouges. La croix verte désignait, dit-on, le pillage, la croix rouge l'incendie. (*Providence*, 5 juillet.)

Un journal dit que sur les boulevards un grand nombre de maisons ont été marquées par de petites croix rouges, et que ce signe s'est également retrouvé dans les 10e et 11e arrondissements, et qu'on en a remarqué plusieurs exactement pareils dans l'intérieur même des maisons; nous pouvons affirmer que plusieurs maisons de la rue Neuve-des-Petits-Champs, et entre autres celle d'un bijoutier, ont été également désignées à l'aide d'un signe identique.
(*Messager*, 6 juillet.)

Ce matin on trouvait dans toute la longueur de la rue Neuve-des-Petits-Champs des boulettes incendiaires qui s'enflammaient sous les pieds des passants. (*Messager*, 30 juin.)

Un fait assez curieux et qui mérite d'être rapporté, s'est passé aujourd'hui rue Croix-des-Petits-Champs. Vainqueurs, le pillage, vaincus l'incendie, lisait-on sur les drapeaux des insurgés. L'insurrection domptée poursuit son programme. Une poudre fine jetée sur les trottoirs et inflammable au moindre frottement, a éveillé l'attention des passants qui, aussitôt, ont revêtu l'uniforme pour faire la police de leur quartier. Que l'autorité ne s'endorme pas (1).

(*Providence*, 30 juin.)

On a fait grand bruit, dans Paris, des télégraphes qu'on a établis au haut de certaines maisons, et qui servent, dit-on, de signaux aux insurgés. L'hôtel de Nantes et la rue de Rohan étaient signalés à la police par leurs manœuvres télégraphiques. C'était de là que partaient, chaque nuit, tous les signaux qui apportaient la crainte ou l'espérance aux insurgés. Hier, encore, le quartier était en émoi : le télégraphe jouait comme d'habitude en verres de couleur ; aussitôt M. Perrot, commandant la garde nationale, est averti ; tout le Palais-National est sous les armes. Le général dépêche un commissaire, M. Samson, sur les lieux du crime ; il monte sur une terrasse, et, pour tout télégraphe, il ne trouve que trois lampions tricolores et isolés que le vent faisait vaciller.

Il serait bon de se tenir en garde contre certaines suspicions qui peuvent quelquefois avoir des conséquences fâcheuses.

(*Réforme*, 30 juin.)

Nous engageons tous les citoyens à s'abstenir de se promener, soit pendant la nuit, soit même pendant le jour sur les toits ou terrasses qui dominent les maisons, dans le but d'interroger au loin l'aspect que présente la ville. Plusieurs coups de fusil ont été tirés ces dernières nuits sur des personnes qui, grimpées ainsi au faîte de leur maison, n'étaient peut-être que de simples curieux ; mais dont on ne pouvait cependant apprécier les intentions.

(*Peuple constituant*, 28 juin.)

Un graveur du quai de l'Ecole, qui a besoin d'une lumière très-intense pour ses travaux, et dont l'atelier est situé au sixième étage,

(1) Depuis cette époque, on n'a plus entendu parler de ces *boulettes incendiaires*, de *cette poudre fine et inflammable*, destinées tout au plus à brûler les pavés et les trottoirs de la rue *neuve* ou *croix* des Petits-Champs, car on n'est pas d'accord. C'étaient sans doute quelques allumettes chimiques tombées de la poche d'un fumeur.

a vu son domicile violemment envahi par la garde nationale. Il a eu beaucoup de peine à faire comprendre que sa lampe, et le transparent dont il se sert pendant le jour, n'étaient nullement des ustensiles télégraphiques.

Nous avons vu ce matin des citoyens se préoccuper péniblement de signes rouges apposés sur un grand nombre de maisons. Les suppositions les plus exagérées circulaient à ce sujet : là, c'étaient des maisons de suspects ; ici, c'étaient des maisons marquées pour le pillage. Dieu merci, ce n'est rien de tout cela. Ces lignes indiquent tout simplement la place où doivent être fixées les nouvelles plaques en porcelaine portant le numérotage des maisons.

(*Nouvelles du jour*, 30 juin.)

IX.

PROJETS ATTRIBUÉS AUX INSURGÉS.

On a apporté à la commission d'enquête un drapeau des insurgés sur lequel étaient écrits en lettres rouges ces mots :

VAINQUEURS LE PILLAGE !
VAINCUS L'INCENDIE !

Des imprimés trouvés sur plusieurs insurgés portaient cette variante de la même pensée : VAINQUEURS, NOUS PARTAGERONS ; VAINCUS, NOUS INCENDIERONS. (*Constitutionnel*, 29 juin.)

— De tous côtés nous apprenons, en parcourant les quartiers Saint-Jacques, Saint-Antoine, Poissonnière et du Temple, que les insurgés ne voulaient en aucune manière attenter à la propriété. Sur les volets des boutiques de la rue et du faubourg Saint-Antoine, on lit : *Armes données. — Mort aux voleurs* ! Hier, un journal, *le Bien public*, racontait que sur les drapeaux pris aux insurgés on apercevait cette inscription : *Respect aux propriétés. — Mort aux vo-*

leurs! Enfin, aujourd'hui, le ***Représentant du peuple*** rapporte que les insurgés adressaient ces paroles aux représentants qui venaient les haranguer : « ***Dites bien à vos collègues que nous ne sommes pas des pillards!*** (*Nouvelles du jour*, 1er juillet.)

Hier soir, vers six heures, nous avons vu défiler sur la place de la Concorde le 20e bataillon de la garde nationale mobile ; il se compose d'une trentaine d'hommes tout au plus, le reste a été tué sur les barricades. Ces intrépides soldats portaient les drapeaux qu'ils ont enlevés faubourg Saint-Antoine. Nous en avons remarqué un sur lequel on lit ces mots : ***Mort aux voleurs, respect à la propriété.***
(*Estafette*, 29 juin.)

— Les drapeaux pris sur les barricades sont déposés à la présidence ; ces drapeaux sont tricolores; la bande bleue est faite le plus souvent avec des lambeaux de blouse aux trois quarts usée. A leurs devises on peut juger quelle était l'incohérence des idées, en même temps que la savante organisation de cette insurrection, qui s'était presque entièrement recrutée et disciplinée dans les ateliers nationaux. La plupart de ces drapeaux portaient pour inscription : ***Vive la république démocratique et sociale! Première, seconde division, ateliers nationaux;*** ou bien encore : ***Travailleurs de Belleville.***

Sur un de ces drapeaux nous avons lu cette inscription : ***Potiers de terre. Vive la république démocratique et sociale! Plus d'exploitation de l'homme par l'homme. Organisation du travail par l'association.*** Sur un autre : ***Terme abandonné par le citoyen...*** Sur un autre enfin : ***Mort aux voleurs!***

Vers onze heures, toutes les boutiques de la rue Saint-Martin étaient fermées, excepté une seule, celle d'un bijoutier-horloger, dont l'étalage était aussi riche et aussi complet que si le plus grand calme eût régné. A quelque distance de là, le peuple cherchait à enfoncer la boutique d'un marchand de fer. Ce contraste est significatif. (*Peuple constituant.*)

L'insurrection qui a ensanglanté nos rues est la guerre contre la société, contre la propriété, contre la famille, Paris ne s'y est point mépris... la France ne s'y est point trompée. . . . .
qu'on ne nous parle donc pas de ces mots : ***Mort aux voleurs!*** inscrits fastueusement sur les murs. C'est là, nous le savons, la décoration et la parure de l'émeute. Nous savons maintenant à quoi nous en tenir sur les intentions des hommes qui, sur leurs dra-

peaux et dans leur mot d'ordre, promettaient à leurs partisans, en cas de victoire, le pillage ; en cas de défaite, l'incendie.

(*Constitutionnel*, 1er juillet.)

PROCLAMATION DE L'ASSEMBLÉE NATIONALE.

Au nom du Peuple français.

Ouvriers,

On vous trompe, on vous égare !...

Regardez quels sont les fauteurs de l'émeute. Hier, ils promenaient le drapeau des prétendants; aujourd'hui ils exploitent la question des ateliers nationaux, ils dénaturent les actes et la pensée de l'Assemblée nationale.

Jamais, quelque cruelle que soit la crise sociale, jamais personne dans l'Assemblée n'a pensé que cette crise dût se résoudre par le fer ou par la faim.

Il ne s'agit ni de vous enlever à vos familles, ni de vous priver des faibles ressources que vous trouviez dans une situation que vous étiez les premiers à déplorer.

Il ne s'agit pas d'empirer votre sort, mais de le rendre meilleur, dans le présent, par des travaux dignes de vous ; meilleur dans l'avenir, par des institutions vraiment démocratiques et fraternelles.

Le pain est suffisant pour tous, il est assuré pour tous, et la constitution garantira à jamais l'existence de tous..... (1).

Paris, 24 juin.

Une affiche, placardée sur une boutique du faubourg Saint-Antoine, était ainsi conçue : *Nous voulons la république démocratique et sociale. Les vrais républicains ne peuvent vouloir autre chose. Les citoyens qui depuis deux jours sont descendus dans la rue l'ont compris. Notre sainte cause compte déjà bien des victimes ; il faut qu'elle triomphe ou que nous nous ensevelissions sous les débris enfumés des maisons.*

Le drapeau rouge paraît avoir été abandonné par les insurgés ; il n'en existe qu'*un seul* à la présidence. (*Bien public*, 30 juin.)

Lundi, aussitôt la prise du faubourg Saint-Antoine, M. Jeandel, ancien avoué, s'est rendu, avec un autre garde national, à l'imprimerie

(1) Était-ce à des assassins, à des pillards, à des incendiaires que l'Assemblée nationale parlait ainsi. Tout le caractère de l'insurrection de juin est dans cette pièce *officielle*; elle répond à toutes les calomnies.

de M. Guillois, imprimeur, dans la rue du Faubourg, 123, pour y rechercher le manuscrit du placard imprimé sur papier rouge, dont nous avons donné le texte. On avait fait disparaître le manuscrit et les exemplaires ; on n'a pu saisir que la forme. Mais, après beaucoup de recherches, M. Jeandel a trouvé une proclamation qu'on avait apportée le dimanche soir, et qui devait être imprimée le lundi matin. Les événements qui se sont succédé ne l'ont pas permis.

Cette proclamation manuscrite, qui a été remise entre les mains du commissaire du Palais-National, est ainsi conçue :

« Eh quoi ! le canon gronde, la liberté meurt, et les ennemis, comptant sur la victoire, qu'ils n'auront pas, osent appeler pillards ! pillards !... les hommes qui ont supporté patiemment la faim, alors que les satisfaits insultent à leur misère. Sachons vaincre et respecter la propriété de nos frères qui sont trompés à notre égard, et qui nous calomnient.

« Aux armes ! citoyens, aux armes !

« Vive la République démocratique !

« Protestons tous contre les tyrans qui nous font massacrer pour leur ambition.

« Rallions-nous, nous les vaincrons. » (*Réforme.*)

Nous avons eu occasion de voir un grand nombre de drapeaux conquis par les gardes mobiles sur les barricades ; tous ces drapeaux étaient tricolores. S'il y a eu des drapeaux rouges, ils ont dû être en bien petit nombre. (*Peuple constituant.*)

La lettre suivante est adressée au rédacteur en chef du *Peuple constituant* ;

« Dans ce moment pénible, où tout le monde cherche à s'exciter à la haine, je crois devoir, dans l'intérêt de la vérité et de la fraternité, raconter ce que j'ai vu de mes propres yeux ; que chacun, mettant de côté tout ressentiment, apporte à l'histoire son tribut d'impartialité, et bientôt le public sera éclairé, les vrais coupables reconnus.

« Au coin des rues du Perche, des Coutures-Saint-Gervais et Vieille-du-Temple, s'élevaient de terribles barricades défendues par une poignée d'hommes. Obligé de rester chez moi toute la journée du samedi 24, j'ai été à même d'entendre chacune des paroles des insurgés ; j'avoue que je les ai jugés franchement et loyalement démocrates, différents en tous points des brigands qui, dit-on, ont commis des actes d'une atrocité révoltante. Ces braves gens égarés ont reçu parmi eux une quinzaine de mobiles venus là je ne sais dans quelle intention.

« Ils les ont bien traités; et, comme ces jeunes gens élevaient des difficultés, il leur fut dit : *Allez-vous-en, si vous le voulez, personne par force.* Un peu plus tard, un lieutenant de mobile arrive soi-disant pour chercher ses hommes ; on le prie de rester, il refuse, même réponse; il se retire. Le soir, on laisse partir tous ces militaires, sans conditions, avec armes et bagages, après les avoir restaurés chez le marchand de vin.

J'affirme encore que le chef des barricades avait fait jurer à ses hommes de ne pas tirer un seul coup de fusil, d'essuyer tous les feux, et de ne se défendre qu'à la dernière extrémité. Ce serment a été respecté, car, pendant toute la journée de samedi, pas un seul coup de fusil n'a été tiré du côté des insurgés; ils ont essuyé les décharges sans riposter. Le drapeau tricolore flottait sur la barricade, et leur cri était : *Vive la République démocratique!*

Le lendemain, dimanche au matin, un garde national débouchait de la rue d'Orléans par la rue du Perche, les insurgés l'arrêtent en lui disant qu'il ne pourrait passer nulle part sans danger dans le quartier, et qu'il eût à ôter son uniforme; une blouse lui est donnée, et ainsi il put rejoindre les siens. Il faut avouer que les faux bruits d'empoisonnement et de lâches fusillades, répandus dans les deux camps, expliquent la rage qui s'est produite dans le dernier jour du combat.

Rey, *étudiant en droit.*

Après avoir reproduit une partie des faits qui précèdent, *l'Estafette* ajoute : « Nous avons cité une foule de traits semblables pour sauver l'honneur de cinquante mille ouvriers. L'ensemble de ces faits répond assez victorieusement, ce nous semble, aux lâches accusations de certains journaux qui, encore aujourd'hui, parlant de quelques faits isolés, de quelques actes de brutale démence ou de vengeance particulière, calomnient sans pudeur une partie de la population de Paris, portent l'effroi dans les provinces et la joie dans les cours des despotes, qui tuent toute confiance et tout commerce, assombrissent l'avenir, et, divisant les citoyens, enfantant des haines implacables, osent se proclamer les sauveurs de la patrie.

(*L'Estafette*, 1er juillet.)

X.

LES FAUX BRUITS.

TENTATIVE D'ÉVASION A LA CASERNE DE LA RUE DE TOURNON.

Une tentative d'évasion a eu lieu dans la nuit de samedi à dimanche, de la part des insurgés, au nombre de deux cents environ, qui étaient restés détenus dans les caves de la caserne de la rue de Tournon. Il paraîtrait qu'après avoir creusé le sol, par un travail qui a dû employer plusieurs jours, ces prisonniers auraient réussi à pratiquer une ouverture établissant une communication avec les catacombes, sur lesquelles une grande partie du faubourg Saint-Germain est bâtie. Une centaine d'entre eux se seraient alors engagés dans cette voie souterraine dans l'espérance d'y trouver quelque issue ; le reste aurait refusé de les y suivre, préférant se soumettre aux chances du jugement des commissions militaires.

Lorsque lundi matin l'on a découvert l'évasion d'une partie des prisonniers, on s'est mis à leur poursuite avec des flambeaux en suivant la voie qu'ils avaient prise. Après une recherche longue et infructueuse, on a dû revenir à la caserne de Tournon ; mais, par un sentiment d'humanité, car il semblait à peu près impossible que, sans lumière, sans guide et sans vivres, les fugitifs ne se perdistent pas dans le dédale des catacombes et n'y trouvassent pas une mort horrible, on a voulu pousser aussi loin que possible les recherches, et, à cet effet, on les a reprises en descendant cette fois dans les souterrains par leur entrée ordinaire, rue des Catacombes, en dehors de la barrière d'Enfer.

Cette fois encore, les recherches auxquelles on s'est livré sont demeurées sans résultat. On a seulement trouvé, presque au pied de l'escalier, douze fusils qui paraîtraient y avoir été laissés par d'autres insurgés qui, après avoir cherché momentanément un refuge dans ce lieu funèbre après la prise du Panthéon et l'enlèvement des barricades de la barrière Saint-Jacques, auront réussi à gagner la nuit la campagne.

Quant aux évadés de la caserne de la rue de Tournon, il est peu probable qu'ils puissent échapper. En se voyant contraint de renoncer à l'espoir de les retrouver, on a laissé de distance en distance des flambeaux pour les guider dans leur marche, si la direction qu'ils ont suivie les en rapproche, et l'on a établi un poste, qui, cette éventualité venant à se réaliser, opérerait leur réintégration sous la main de la justice. (*Estafette*, 3 juillet.)

— Renseignements pris à onze heures, ce matin, à la caserne, prison de la rue de Tournon, relativement aux prisonniers qui se seraient évadés par un trou creusé dans la voûte des catacombes, il a été affirmé que rien de semblable n'avait eu lieu ; d'où il résulte que la nouvelle qui a été publiée sur ce sujet dans plusieurs journaux est entièrement inexacte.

On nous affirme les faits suivants, sur lesquels nous croyons devoir appeler l'attention, et que nous publions sous toute réserve.

Le 15 mai dernier, jour de l'envahissement de l'Assemblée nationale, il est arrivé, le matin, au roulage de M. Cavet, à la Villette, plus de vingt caisses de fusils, qui ont été presque immédiatement pillées.

Vendredi dernier, 23, des caisses de mousquetons et de sabres, arrivées au même roulage, ont été également pillées.

Si ces faits sont exacts, ne peuvent-ils servir à remonter à la source de bien des choses, et ces pillages d'armes ne semblent-ils pas préparés ? (*Patrie*, 28 juin.)

— M. Cavet, commissionnaire de roulage, à la Villette, nous adresse, sur le pillage des armes qui a eu lieu chez lui pendant l'insurrection, des explications que nous nous empressons de publier.

En sa qualité d'entrepositaire de l'agent des transports de la guerre, M. Cavet reçoit de toutes directions des armes dirigées d'un point sur un autre. Ces armes sont toujours à la disposition de l'entrepreneur des transports, dont M. Cavet doit attendre les ordres. (*Patrie*, 30 juin.)

On a découvert à Reims une ramification du 23 juin. Des factieux s'étaient proposé d'incendier la ville si les nouvelles de Paris annonçaient le triomphe de l'insurrection. La justice est sur la trace des conjurés (1). (*Constitutionnel*, 1er juillet.)

On a saisi, rue de Lourcine, un baril de poudre qu'on soupçonne

(1) Il paraît que la *justice* n'a rien découvert puisqu'il n'a plus été question, même dans le *Constitutionnel*, de cette prétendue *ramification* (mars 1849).

avoir fait partie des munitions apportées dans ce quartier par les insurgés dans la soirée du 22 juin (1). (*Conciliateur*, 7 juillet.)

— En ces tristes journées, la défiance, l'irritation, les retentissements fébriles de la peur et de la haine accréditent avec une déplorable rapidité les bruits les plus absurdes et les plus odieux.

C'est assez du mal réel ! c'est assez du sang, des cadavres, des meurtres et des haines, sans que l'on envenime encore de part et d'autre des plaies qui de longtemps, hélas ! ne seront fermées.

Comme au temps du choléra, on voit du poison partout : du poison dans les fontaines, dans les cigares, dans de l'eau-de-vie, dans la charpie envoyée aux blessés ! Des balles cylindro-coniques à canelures, qui sont les balles des armes de jet nouveau modèle de l'armée, passent pour des inventions de la cruauté. Mille récits odieux, qui sortent dont on ne sait où, qui s'évanouissent dès qu'on les vérifie, circulent de toutes parts. Tous les coups de fusil de nuit sont des exécutions de prisonniers ; toutes les voitures de prisonniers que l'on transfère quelque part conduisent des condamnés à mort. On raconte, on précise des exécutions en masse au Luxembourg, au champ de Mars, sur les berges de la Seine ; des noyades dans les caves de l'hôtel de ville.

Quant à ce qui concerne les personnes, c'est plus triste et plus odieux encore. Les soupçons les plus ridicules se changent bientôt en accusations déterminées, formulées, circonstanciées ; et c'est bien plus gravement que jamais le cas de dire comme Caussidière, que la moitié de Paris, si on l'écoutait, ferait emprisonner l'autre.

(*Démocratie pacifique*, 30 juin.)

La nouvelle de la collision qui aurait eu lieu hier, pendant la nuit, à Montmartre, rapportée par *l'Estafette* du soir est dénuée de tout fondement. (*Bien public*, 8 juillet.)

Le nombre des ouvriers des ateliers nationaux qui ont pris part à l'insurrection est très-restreint. Plusieurs sont restés au grand complet. Sept cents seulement ont manqué à l'appel le premier jour de l'insurrection. (*Démocratie pacifique*, 1er juillet.)

Le nombre des victimes faites par cette horrible guerre que la

(1) Ce baril de poudre était une *poire à poudre* de la grosseur d'une tabatière, ainsi que cela résulte d'une rectification dans les journaux, et dont les termes précis nous échappent.

société vient d'avoir à soutenir, est assez considérable pour qu'on ne le grossisse point par des calculs exagérés. Nous nous sommes assurés que le chiffre des blessés admis dans les *hôpitaux civils*, depuis le 23 juin jusqu'à ce jour (et ces blessés appartiennent en majorité à la garde mobile et à l'armée) ne dépasse pas *dix huit cent cinquante* ; ce total est fourni par les relevés les plus exacts faits dans les divers établissements de l'administration.

(*Constitutionnel.*)

Les insurgés qui s'étaient retranchés au Jardin-des-Plantes ont, dit-on, dévoré, pendant les trois jours de lutte, les oiseaux rares des volières, et détruit toute la faisanderie ; ils n'ont rien épargné, pas même les petits oiseaux exotiques.

Les daims, les cerfs, les bisons et toute la race lanigère, ont été abattus pour faire la soupe ; les animaux féroces et les singes n'ont été respectés qu'après un conseil tenu par les insurgés, qui se sont amusés à tirer sur l'éléphant ; cet animal, grâce à sa forte cuirasse, n'a pu être blessé. (*Bien public*, 1er juillet.)

Il n'est pas vrai que les oiseaux et les herbivores du Jardin-des-Plantes aient été précipités dans la marmite insurgée, ainsi que plusieurs journaux l'annoncent. Quelques fuyards seulement ont passé par le Museum, et n'y ont causé aucun dommage.

(*Messager*, 4 juillet.)

Le jardin du Luxembourg et le Jardin-des-Plantes sont rouverts au public.

Les insurgés n'ont dévoré ni les autruches ni les canards, comme l'avait dit le *Constitutionnel*. (*Conciliateur*, 7 juillet.)

Nous terminerons ce livre par la reproduction suivante d'un article de l'*Impartial du Nord* :

Nous ne nous étions pas trompés, la *conspiration de la terreur* était véritable. *Par toute la France*, l'arrivée des brigands a été annoncée presque à la même heure; c'est la parodie de ce qui s'est passé en 1789. Tous les journaux de départements nous apprennent uniformément la même nouvelle : « On annonçait hier l'arrivée dans notre ville d'une bande de forçats libérés et de travailleurs des ateliers nationaux (pour les paysans c'est tout un). Cette nouvelle a jeté notre population dans le plus grand émoi, etc. Partout les paysans s'arment, parcourent les campagnes et donnent la chasse à tous ceux qu'ils soupçonnent. Ces pauvres gens, aux oreilles desquels on fait parvenir des bruits stupides, font des battues dans les bois et rentrent chez eux affamés, désappointés, furieux et désireux *d'en finir* avec ces introuvables ***brigands*** !... Le but est alors atteint ; vienne un démocrate, et son affaire sera bientôt faite !!! Châlons, Vitry, Laon, Soissons, Charleville, Mézières, etc., etc., ont été tous en alerte pendant plusieurs jours dans l'attente de grands événements ; mais rien ne s'est montré à l'horizon. — Hardi, messieurs les réactionnaires !

FIN.

Imp. Schneider, rue d'Erfurth, 1.

www.ingramcontent.com/pod-product-compliance
Ingram Content Group UK Ltd.
Pitfield, Milton Keynes, MK11 3LW, UK
UKHW020354220726
13923UKWH00004B/1632

9 782329 065090